THOMAS HOHENSEE

Heute bleibe ich gelassen

W0176576

SCORPIO

Thomas Hohensee ist mit bisher 27 Büchern einer der erfolgreichsten Schriftsteller im deutschsprachigen Raum. Sein Best- und Longseller *Gelassenheit beginnt im Kopf* gilt seit 2004 als Standardwerk auf diesem Gebiet. Als Experte für Gelassenheit ist er zugleich ein gefragter Interviewpartner in den Medien. Mit über 30 Jahren Erfahrung in Beratung und Coaching ist es sein Ziel, möglichst vielen Menschen den Weg zu einem glücklichen, entspannten und erfüllten Leben zu zeigen. www.thomashohensee.de

MIX
Papier aus verantwor-
tungsvollen Quellen
FSC® C084279
FSC
www.fsc.org

© 2019 Scorpio Verlag GmbH & Co. KG, München
Umschlaggestaltung: Hauptmann & Kompanie Werbeagentur, Zürich
Layout und Satz: Veronika Preisler, München
Druck und Bindung: Print Consult, München
ISBN 978-3-95803-221-7
Alle Rechte vorbehalten
www.scorpio-verlag.de

Inhalt

4 Mit der Familie 77

5 In der freien Zeit 93

6 Der Tag geht zu Ende 103

Einleitung

Auch heute wird Ihre Gelassenheit garantiert wieder auf die Probe gestellt. Anlässe gibt es genug, um sich zu ärgern, zu sorgen oder enttäuscht zu sein.

Möglicherweise war die Nacht zu kurz, oder Sie haben schlecht geschlafen. Sie stehen noch müde auf. Im Bad ist die Duschlotion alle und kein Ersatz da. Ihre Haare sitzen nicht. Jetzt fällt auch noch die Kaffeemaschine aus: Also gehen Sie ohne Morgenkaffee zur Arbeit.

Auf der Straße ist kein Durchkommen, die ganze Strecke nur Stop and Go. Oder die Ankunft der Bahn ist aufgrund einer Verkehrsstörung auf unbestimmte Zeit verschoben. Ihre ArbeitskollegInnen sind ebenfalls noch müde und entsprechend schlecht gelaunt. Die Kunden zicken, und der Chef nervt.

Mit anderen Worten: ein ganz normaler Tagesbeginn!

Die Dinge laufen häufig anders als geplant, Ihre Mitmenschen kommen Ihnen in die Quere.

Am Abend fühlen Sie sich wie gerädert, sind frustriert, liegen erschöpft im Bett und können trotzdem nicht einschlafen. Der andauernde Stress, der Ärger, der Frust und die Sorgen setzen Ihnen zu.

Höchste Zeit für mehr Gelassenheit!

> Gelassenheit ist eine anmutige Form des Selbstbewusstseins.
>
> *Marie von Ebner-Eschenbach*

Nutzen Sie die Herausforderungen, die täglich auf Sie zukommen, um sich zu entspannen, Ihre gute Laune zu behalten und abends zufrieden mit sich und der Welt einzuschlafen.

- Wie kann der Tag harmonischer und entspannter ablaufen als sonst?
- Wie lässt sich Gelassenheit Stunde für Stunde, ja Augenblick für Augenblick leben?

Wie das geht, erfahren Sie in diesem Buch. Am Beispiel eines normalen Tages zeige ich, wie sich die typischen Herausforderungen auf entspannte Weise bewältigen lassen. Es geht hier nicht um die großen, weltbewegenden Probleme, sondern um die vielen kleinen, ganz alltäglichen. Gerade sie sind es oft, die einem in der Summe das Leben so verleiden.

Gelassenheit, was ist das eigentlich?

- Wie unterscheidet sie sich von Gleichgültigkeit und Ignoranz?
- Heißt gelassen sein, die Dinge immer so zu akzeptieren, wie sie sind, oder darf man sie auch ändern?
- Ist es okay, auch mal wütend zu werden, Angst zu haben und zu weinen?
- Und wie sieht es mit dem Neinsagen und Grenzensetzen aus? Ist das mit Gelassenheit vereinbar?
- Kann man engagiert und entspannt zugleich sein?
- Welche Einstellungen unterstützen eine Haltung von Gelassenheit?

Auch auf diese Fragen bekommen Sie auf den folgenden Seiten eine Antwort.

Wenn es darum geht, praktische Erfahrungen zu sammeln, statt nur über Gelassenheit und Entspannung zu lesen, finden Sie an einigen Stellen kleine Anleitungen. Hier ist die erste:

PROBIEREN SIE DAS MAL

Sie können einen einfachen Vorher-nachher-Vergleich machen. Beantworten Sie die folgenden drei Fragen. Am besten schreiben Sie Ihre Antworten auf. Sonst wissen Sie vielleicht am Ende nicht mehr, was Sie am Anfang gesagt haben. Wiederholen Sie den Test nach der Lektüre des Buchs. So stellen Sie fest, was Sie durch die Anwendung Ihrer neu gewonnenen Erkenntnisse erreicht haben. Hier sind die Fragen:

- Auf einer Skala von 1 bis 10:
  Wie gelassen sind Sie im Allgemeinen?
  (1 steht für »Ich bin nie gelassen«,
  10 für »Ich bin immer gelassen«.)

- In welchen Situationen wünschen Sie sich mehr Gelassenheit?

- Welche Methoden zur Gelassenheit und Entspannung kennen Sie? Welche wenden Sie regelmäßig an?

1

Gelassen durch den Tag

Mit Gelassenheit geht alles leichter: Wir kommen mit uns selbst und unseren Mitmenschen besser zurecht, nehmen mehr Lösungen als Probleme wahr und fühlen uns wohl. Dem entgegen stehen oft mentale Programme, die in den Anfängen der Menschheit sinnvoll waren, im modernen Leben jedoch kontraproduktiv sind. Schauen wir uns das genauer an.

Die drei typischen Stressreaktionen ...

Wie reagieren Menschen typischerweise auf Herausforderungen? Sie kämpfen, flüchten oder stellen sich tot.

Läuft etwas nicht so, wie man es sich vorstellt, fühlt man sich vom Leben provoziert. Man meint, sich das nicht bieten lassen zu können, und plustert sich auf. Im Urwald mag das Sinn machen, wenn plötzlich ein gefährliches, hungriges Tier vor Ihnen steht. Aber bei einer roten Ampel? Da können Sie noch so viel drohen, brüllen und mit den Fäusten schütteln. Es nützt Ihnen nichts, sondern treibt nur Ihren Blutdruck in die Höhe.

Aber es steckt nun mal so in uns. Wir machen Pläne, diese misslingen, und schon regen wir uns auf. Es sei denn, wir programmieren uns auf Gelassenheit um.

Vielleicht haben Sie von sich gar nicht den Eindruck, eine KämpferIn zu sein. Doch achten Sie einmal darauf, wie oft Sie im Alltag wütend werden, sogar wegen Kleinigkeiten. Wenn Ihnen die Zuckerdose aus der Hand fällt, fluchen Sie dann (im Stillen)? Dann sind Sie im Begriff zu kämpfen. Sie lehnen sich gegen etwas auf, hadern mit den Tatsachen, werden sauer. Das sind alles Formen des Kampfes gegen den Alltag. Dagegen wäre eigentlich nichts einzuwenden, wenn es nicht bedeuten würde, dass Stressreaktion auf Stressreaktion folgt und Sie sich irgendwann müde gekämpft haben.

Manche Menschen ziehen es vor zu fliehen, wenn sie vor Herausforderungen stehen. Das kann eine Prüfung sein, eine attraktive Person oder das Aufräumen der Garage. Viele flüchten dann lieber. Sie melden sich vor der Prüfung krank, wechseln die Straßenseite, um der attraktiven Person nicht zu begegnen, bzw. setzen sich vor den Fernseher, statt aufzuräumen.

Woran merken Sie, dass Sie auf der Flucht sind oder kurz davor stehen? Sie haben ein mulmiges Gefühl, Schmetterlinge im Bauch oder Muffensausen (was ist eigentlich eine Muffe?). Schlicht gesagt: Sie haben Angst. So viel Angst, dass Sie es vermeiden, diese bewusst wahrzunehmen und klar zu benennen.

Wann immer wir uns einer Sache nicht gewachsen fühlen, bekommen wir Angst, mal mehr, mal weniger. Kämpfen macht keinen Sinn oder wäre aussichtslos, also nehmen wir die Beine in die Hand. Falls das nicht geht, stellen wir uns der Prüfung und hoffen, dass niemand merkt, wie sehr wir zittern.

Zu flüchten kann lebensrettend sein – im Urwald. Im modernen Alltag plagen wir uns meist völlig unnötig mit unseren Sorgen. Gelassenheit wäre eine prima Alternative.

Bleibt als dritte typische Stressreaktion noch das Totstellen. Wir wählen sie, wenn wir uns zum Kämpfen und Flüchten zu schwach fühlen. Oft ist das bei schweren Enttäuschungen der Fall. Wir haben keine Energie mehr und möchten am liebsten den ganzen Tag im Bett bleiben.

Alle Formen von Melancholie und Depression gehören hierher, auch der Alltagsblues, wie manche das nennen. Unsere Träume sind gescheitert, und wir sind traurig. Wir machen weiter, aber es fühlt sich sinnlos an.

Auch Totstellen hilft nur – Sie haben es schon geahnt – im Urwald. Wenn ein Raubtier glaubt, dass Sie tot sind, geht es vielleicht noch einmal weg, bevor es Sie frisst. Diesen Moment können Sie nutzen, um zu fliehen.

Als Dauerlösung ist das Totstellen in der modernen Welt ungeeignet.

Kampf, Flucht und Totstellen sind in all ihren Erscheinungsformen ebenso alltäglich wie die Herausforderungen, vor denen wir stehen. Gemeinsam ist allen drei Reaktionen, dass sie heute überflüssig und unangenehm sind. Wer möchte schon ständig wütend, ängstlich oder traurig sein?
Die bessere Alternative ist in den meisten Situationen Gelassenheit. Im Wörterbuch wird sie unter anderem als Ruhe oder Unerschütterlichkeit definiert. Aber wenn Sie das Vorstehende aufmerksam gelesen haben, haben Sie eine viel anschau-

lichere Definition: ein Leben ohne (oder mit weniger) Kampf, Flucht oder Totstellen. Positiv gewendet: Sie bleiben entspannt und handlungsfähig, egal was kommt. Das fühlt sich fantastisch an, und Sie erreichen trotzdem oder gerade dadurch, was Sie wollen. Und sollte einmal etwas nicht machbar sein, dann wirft Sie das auch nicht um.

... und drei Lösungsmöglichkeiten

Die typischen Stressreaktionen stellen keine Lösung dar. Im Gegenteil: Sie machen alles nur noch schlimmer. Beispiel: Die Ampel steht auf Rot. Wenn Sie sich darüber aufregen, kommen Sie nicht nur zu spät, sondern Sie fühlen sich auch noch schlecht.

Wenden wir uns also wirklichen Lösungen zu. Grundsätzlich hat man drei Möglichkeiten, mit Problemen fertigzuwerden:

1. Die Umwelt ändern

Nehmen wir einmal an, Ihnen gefällt der Ort nicht mehr, an dem Sie wohnen. Dann können Sie umziehen. Suchen Sie sich eine Umgebung, die Ihnen besser zusagt, und das Problem ist gelöst.

2. Die Mitmenschen ändern

Ihr Freund lässt ständig seine Sachen überall herumliegen. Das stört Sie. Deshalb reden Sie mit ihm. Er sieht ein, dass er sein Verhalten ändern muss, und tatsächlich hält er sich an sein Versprechen. Die Welt ist für Sie wieder in Ordnung.

Menschen lieben diese beiden Lösungsmöglichkeiten. Sie tun alles, um ihre Umwelt so einzurichten, wie es ihnen passt. Alle Erfindungen lassen sich auf ein Problem zurückführen, das irgendjemanden störte. Diese Person überlegte so lange, bis sie einen Weg gefunden hatte, die Beeinträchtigung zu beseitigen.

Um nur ein paar Beispiele zu nennen: Die Sonne brennt einem auf den Pelz. Also baut man sich einen Sonnenschirm, der Schatten spendet. Eine Maschine verursacht einen ohrenbetäubenden Lärm. Daher baut man sie so lange um, bis sie flüsterleise ist. Nachts ist es dunkel. Den Unternehmer und Erfinder Thomas Alva Edison stört das. Deshalb erfindet er die Glühbirne, und die Nacht wird für alle zum Tag.

Diese Art der Problemlösung bringt oft jedoch auch Nachteile mit sich. Manchmal kann man noch so lange überlegen, ohne dass einem eine geniale Erfindung einfällt. Oder die Lösung zieht weitere Herausforderungen nach sich. So braucht die

Glühbirne Strom. Um ihn zu erzeugen, baut man Kraftwerke, die mit Kohle, Erdöl oder Uran laufen. Dabei entstehen Abfallprodukte, die geeignet sind, die gesamte Umwelt zu zerstören.

Haben Sie schon mal versucht, Ihre Mitmenschen zu ändern? In einigen Fällen funktioniert das. Aber nicht selten denken Ihre Nachbarn, Kolleginnen, Freunde, Partnerinnen und Kinder nicht im Traum daran, sich so zu verhalten, wie Sie das gerne hätten. Und schon geht der Ärger los.

Auch wenn wir eine Vorliebe dafür haben, unsere Umgebung und unsere Mitmenschen nach unseren Wünschen zu formen, bleibt uns deshalb häufig nur eines übrig:

3. Uns selbst ändern

Das ist nicht immer leicht, aber auch nicht so schwer, wie manche glauben. Eigentlich setzt das nur eine ausreichende Motivation und das Wissen voraus, wie Veränderung gelingt.

Da es bequemer scheint, die Umwelt und die Mitmenschen nach Belieben zu beeinflussen, heben sich viele diese Option bis zum Schluss auf. Hat man jedoch erkannt, wie wohltuend eine gelassene Haltung ist, fragt man sich, warum man so lange darauf verzichtet hat.

Eines ist jedenfalls gewiss: An den täglichen Herausforderungen wird sich nichts ändern. Es wird nicht passieren, dass wir eines Morgens aufwachen und feststellen, dass die Erde über Nacht zum Paradies geworden ist. Die Grundprobleme der menschlichen Existenz bleiben dieselben: den Lebensunterhalt verdienen, mit der Familie und der Gesellschaft klarkommen, mit Krankheiten, Alter und Tod umgehen.

Über diese Themen haben Menschen schon vor 5000 Jahren geklagt. Die Widrigkeiten, die uns jeden Tag begegnen, werden wir nicht wegbekommen, egal wie sehr wir uns anstrengen und welche technischen Erfindungen wir noch machen werden. Das Einzige, was gegen diese Herausforderungen hilft, ist ein entspannter Lebensstil.

> Sei du selbst die Veränderung, die du dir wünschst für diese Welt.
>
> *Mahatma Gandhi*

Gelassenheit kann man lernen. Genau genommen sind wir sogar von Natur aus entspannt. Man kann das bei kleinen Kindern oft noch sehen. Werden ihre Grundbedürfnisse erfüllt, sind sie mit sich und der Welt zufrieden. Das ist bei sehr vielen Erwachsenen nicht mehr der Fall. *Leider übernehmen wir im Laufe unseres Lebens von unserem Umfeld eine Menge Einstellungen, die zu Stress führen. Deshalb geht es eigentlich mehr darum, diese Stressgewohnheiten wieder zu verlernen.* Dann kommt die naturgegebene Gelassenheit quasi von allein wieder zum Vorschein.

Das Ziel für heute

Wir haben täglich jede Menge Aufgaben zu erledigen. Ein Ziel vergessen wir dabei regelmäßig: Gelassenheit. Und dann wundern wir uns, warum wir uns am Ende des Tages so gestresst fühlen.

Deshalb empfehle ich Ihnen, Gelassenheit heute über Ihre anderen Ziele zu setzen. Heute bleibe ich gelassen: Nehmen Sie den Titel dieses Buchs als Tagesmotto.

Wenn wir uns vornehmen, uns mehr zu entspannen, verschieben wir dieses Ziel meist in die Zukunft: auf den Feierabend, aufs Wochenende, den freien Tag, die Ferien oder gleich auf den Vorruhestand. Irgendwann werden wir es locker angehen lassen – nur nicht heute. Das erinnert ein bisschen an Alkoholiker, die das Ende ihres übermäßigen

Trinkens ebenfalls ständig vertagen. Und in der Tat ist der Vergleich gar nicht so weit hergeholt. Viele sind längst süchtig nach Stress. Adrenalin, der Stoff, der uns aufpeitscht, ist zu einer Alltagsdroge geworden. Manche fügen dem noch Muntermacher aus der Apotheke hinzu oder greifen mit Kokain zum illegalen Kick.

Drogenabhängige fürchten den Entzug. So geht es vielen von uns mit Stress. *Wir wissen oft gar nicht mehr, wie gut sich ein entspanntes Leben anfühlt. Deshalb kann die Vorstellung, in Zukunft völlig gelassen zu bleiben, ein Unbehagen auslösen.* Nicht wenige sagen mir ganz offen: »Ich will aber vielleicht gar nicht immer gelassen sein«, und das, obwohl sie es dringend nötig hätten. Sie haben Angst vor einem Leben ohne Stress. Einige befürchten gar, zu emotionslosen Robotern zu mutieren, wenn sie nicht mehr bei jeder Gelegenheit aus der Haut fahren.

Deshalb empfehle ich Ihnen, es langsam anzugehen. Bleiben Sie heute gelassen, nur heute. Das reicht. Morgen treffen Sie eine neue Entscheidung. Vielleicht möchten Sie morgen zur Abwechslung mit Türen knallen und Leute anbrüllen. Aus meiner Sicht keine gute Idee, aber wenn Sie das unbedingt möchten … Solange Sie wissen, was Sie tun, können Sie machen, was Sie wollen. Die meisten

Menschen treffen leider keine bewussten Entscheidungen, sondern lassen sich von Dingen und Mitmenschen vorschreiben, wie sie zu reagieren haben. Provokation – Ärger, Dunkelheit – Angst, Absage – Enttäuschung: So haben sie es gelernt, und diesem Schema folgen sie ein Leben lang, es sei denn, sie entscheiden sich für etwas Neues, zum Beispiel für Gelassenheit.

Die Probleme, auf die Sie heute stoßen werden, geben Ihnen die Gelegenheit, sich zu entspannen. Gelassenheit hat nämlich überhaupt nichts mit der Abwesenheit von Problemen zu tun. Vielmehr bedeutet sie, sich trotz aller Probleme einen guten Tag zu machen.

> Gib jedem Tag die Chance,
> der schönste deines Lebens zu werden.
>
> *Mark Twain*

Keine Erfahrung ist dazu da, Sie zu quälen, auch wenn Ihnen das manchmal so vorkommen mag. Es geht immer darum, etwas zu lernen. Finden Sie heraus, was das sein könnte. In vielen Fällen werden Sie feststellen, dass es darum geht, die Tagesereignisse lockerer zu nehmen.

Begreifen Sie das tägliche Leben als Ihren Lehrer. Gelassenheit können Sie nur lernen, wenn Sie Probleme haben. Ohne Probleme wären Sie im Paradies. Sie bräuchten weder Entspannung noch Mut noch sonst etwas. Alles wäre perfekt. Aber Sie sind hier nicht im Paradies. Auf diesem Planeten brauchen Sie Gelassenheit; denn hier gibt es Probleme, jede Menge sogar. Hier fordern Situationen und Menschen Sie heraus. Täglich werden Sie auf verschiedenste Weise getestet, ob Sie schon in der Lage sind, locker zu bleiben. Das Leben ist ein ausgezeichneter Lehrer und sehr erfinderisch, wenn es darum geht, sich immer wieder neue Tests auszudenken. Also lernen Sie besser heute als morgen, entspannt zu bleiben, egal was passiert.

Wenn Ihnen das eine Stunde, dann vier und schließlich 24 Stunden lang gelingt, kann aus einer Folge entspannter Tage irgendwann ein gelassener Lebensstil werden. Wie lange Sie dafür brauchen, ist allein Ihre Entscheidung. Fangen Sie erst einmal an, und zwar heute.

2

Der Tag beginnt

Sie werden im Laufe des Tages merken, dass mehr Gelassenheit nur durch mehr Bewusstheit zu erreichen ist. Solange man sich weiter so verhält wie gewohnt, ändert sich nichts. Erst indem man anfängt, bei den ersten Anzeichen von Stress innezuhalten, kommt etwas Neues in Gang. Dann kann man sich entscheiden, locker zu bleiben, anstatt an die Decke zu gehen.

Den Atem beobachten

In der Außenwelt brauchen Veränderungen meist Zeit, Geld und Anstrengung. Nehmen wir an, Sie möchten Ihre Wohnung renovieren. So ein Projekt muss geplant werden. Die Renovierung selbst dauert einige Tage oder gar Wochen. Selbst wenn Sie die Arbeiten selbst durchführen, kostet Sie das Ganze eine hübsche Summe Geld. Und Sie und die

MalerInnen vergießen einigen Schweiß, bis Ihre Wohnung wie neu aussieht.

In der Innenwelt ist das anders. Gelassenheit zum Beispiel erfordert von Ihnen nur Aufmerksamkeit und das Wissen, worauf Sie achten müssen. Das Umschalten von Stress auf Entspannung geht blitzschnell. Es kostet Sie keinen Cent. Kaufen können Sie Gelassenheit nicht. Es gibt sie weder in Tüten noch in Dosen. Anstrengend ist es auch nicht. Ihre Muskeln beim Entspannen anzustrengen und ins Schwitzen zu geraten wäre sinnlos.

Gleich nach dem Aufwachen können Sie anfangen, Ihre Achtsamkeit einzusetzen. Sie werden sie den ganzen Tag über gebrauchen. Ohne Ihre Liegeposition im Bett zu verändern, richten Sie Ihre Aufmerksamkeit für ein paar Atemzüge auf Ihren Atem. Das ist alles.

Was für ein Typ sind Sie? Werden Sie langsam oder schnell wach? Springen Sie sofort aus dem Bett oder bleiben Sie noch eine Weile liegen?

Egal ob Sie eine Bettflüchterin oder ein Morgenmuffel sind, nehmen Sie sich ein paar Sekunden oder Minuten Zeit, um als Erstes, gleich nach dem Aufwachen, Ihren Atem zu beobachten.

Ist Ihr Atem kurz oder lang? Lautlos oder hörbar? Gibt es nach dem Einatmen oder Ausatmen eine natürliche Pause?

Ändern Sie nichts. Nehmen Sie wahr, wie sich Ihr Atem an diesem Morgen anfühlt. Wo im Körper spüren Sie ihn? In der Nase? Im Rachen? Im Oberkörper? Im Bauch? Im Unterleib? In den Armen und Beinen?

Ihr Atem kann, wenn Sie sehr entspannt sind, Ihren ganzen Körper bewegen. Es ist ein Ausdehnen und Zusammenziehen. Aber versuchen Sie nicht, diese feine Bewegung zu erzwingen. Machen Sie überhaupt nichts, außer Ihren Atem für einige Züge wahrzunehmen.

Den Körper wahrnehmen

Wann haben Sie das letzte Mal gut geschlafen und sind morgens richtig erholt aufgewacht?

Viele Menschen leiden unter Schlafstörungen. Manche brauchen lange, bis sie einschlafen können. Andere wachen nachts häufig auf. Einige liegen dann lange wach. Und wieder andere wachen viel zu früh auf und können nicht wieder einschlafen.

Nicht selten ist der Schlaf durch Atemprobleme oder Schmerzen beim Liegen gestört.

Auch Albträume können den Schlaf unterbrechen. Belastende Ereignisse des Tages wirken sich im Allgemeinen negativ auf die nächtliche Erholung aus. Das Ergebnis: Verkrampfungen am nächsten Morgen. Doch selbst wenn Sie so selig geschlafen haben wie ein Baby, können Sie von dem folgenden Experiment – noch im Bett liegend – profitieren.

Beginnen Sie bei den Füßen. Spüren Sie Ihren rechten Fuß: die Zehen, die Sohle, die Ferse, die Oberseite, das Fußgelenk. Sie können die Wahrnehmung Ihres Fußes dadurch unterstützen, dass Sie ihn ganz leicht bewegen. Also falls Sie Ihre große Zehe nicht spüren, wackeln Sie ein bisschen damit hin und her. Beugen und strecken Sie den Fuß ein wenig, aber wirklich nur minimal. Es geht hier nicht darum, Gymnastik zu machen. Es ist eine Wahrnehmungsübung.

Anschließend richten Sie Ihre Aufmerksamkeit auf den anderen Fuß. Fühlt er sich genauso an wie der rechte? Oder anders? Was genau ist anders? Auf diese Weise nehmen Sie Ihren gesamten Körper wahr: die Beine, erst die Unterschenkel auf beiden Seiten, dann die Oberschenkel. Lassen Sie sich Zeit. Das Becken: Wie liegt es auf? Spüren Sie alle Seiten: unten, oben, rechts, links – das gesamte Becken.

Dann die Kreuzgegend, den Bauch, die Brust, den oberen Rücken, die Schultern, die Oberarme, die Unterarme, die Hände, die Finger, den Nacken, die Kehle, den Hinterkopf. Besonders das Gesicht ist häufig verspannt: der Kiefer, die Lippen, die Augen, die Augenbrauen, die Stirn, die Nase, die Ohren. Nehmen Sie das alles wahr. Entspannen Sie alle Teile Ihres Körpers, so gut es geht. Strengen Sie sich dabei nicht an. Das wäre das Gegenteil von dem, was Sie mit dieser Übung erreichen wollen.

Sie werden feststellen, dass Sie Ihren Körper jeden Morgen unterschiedlich wahrnehmen. Freuen Sie sich über die auftretenden, angenehmen Entspannungsgefühle. Akzeptieren Sie aber auch Ihre Verkrampfungen. Diese sind normal. Die wenigsten Menschen sind morgens hundertprozentig entspannt.

Das Durchspüren des Körpers kann eine halbe Stunde oder länger dauern, falls Sie sich die Zeit dafür nehmen wollen. Mit zunehmender Erfahrung können Sie Ihren Körper aber auch im Schnelldurchgang in wenigen Sekunden vollständig erfassen und eventuelle Verspannungen lösen. Wenn Sie an diesem Punkt angelangt sind, sind Sie in der Lage, das Spüren und Entspannen Ihres Körpers tagsüber jederzeit einzusetzen, um auch in schwierigen Situationen locker zu bleiben.

Alles beginnt damit, dass Sie gleich morgens, am besten noch im Bett, Ihren Körper bewusst vollständig wahrnehmen.

Ein paar Minuten meditieren

Gibt es Einstellungen, die eine Haltung von Gelassenheit unterstützen? Ja, die gibt es. Eine davon ist die Fähigkeit, leicht loslassen zu können.

Gelassenheit beinhaltet nicht zufällig das Wort »lassen«. Es hat mehrere Bedeutungen: zulassen, dulden, erlauben, dass etwas geschieht, dass jemand etwas tut oder dass etwas bleibt, wie es ist. Lassen bedeutet aber auch so viel wie unterlassen, bleiben lassen, aufhören mit und sogar so viel wie etwas oder jemanden aufgeben im Sinne von etwas bzw. von jemand lassen.

Sind dies nicht genau die Einstellungen, die wir für mehr Gelassenheit brauchen?

Wie oft versuchen wir das genaue Gegenteil, indem wir machen, tun, erledigen, entziehen, wegnehmen, wegreißen, verhindern, untersagen, verändern, umgestalten oder auswechseln? *Bis zu einem gewissen Grad ist das Eingreifen und aktive Tun sinnvoll. Aber es muss ergänzt werden durch das Lassen. Sonst erschöpfen wir uns.* Es ist unmöglich, die ganze Welt zu ändern. Das meiste müssen wir so hinnehmen, wie es ist, selbst wenn es uns nicht passt.

Während ich dies schreibe, vollzieht sich gerade ein Jahrhundertsommer. Seit Monaten liegen die Temperaturen um die 25 Grad. In den letzten Tagen sind sie auf über 30 Grad gestiegen, und das soll noch eine Weile so bleiben. Mir gefällt das. Ich liebe die Wärme. Aber die Satire-Seite »Der Postillon« macht sich bereits lustig mit der Schlagzeile:

»Schluss mit der Hitze – Wütende Proteste vor der Zentrale des Deutschen Wetterdienstes«.

Trifft das nicht den Nagel auf den Kopf? Wollen wir nicht oft sogar das ändern, was unabänderbar ist?

Zulassen, das ist das Gegenteil von Verhindern.

Erlauben heißt, dass wir einwilligen, Ja sagen, einer Sache zustimmen. Wie häufig aber wehren wir uns, sträuben uns, verweigern die Zustimmung und beharren auf unserem Nein.

Das mag im Einzelfall gut und richtig sein, aber als Grundhaltung steht es einem gelassenen Leben diametral entgegen.

Ist der Tag nicht dein Freund,
dann ist er immerhin dein Lehrer.

Unbekannt

Gibt es eine Möglichkeit, das Lassen in all seinen Varianten, die ich eben beschrieben habe, zu üben? Lässt sich das Lassen lernen?

Ja, diese Möglichkeit gibt es. Sie heißt Meditation. Noch vor 50 Jahren wusste im Westen kaum jemand, was das ist. Zwar ist dem Christentum das Meditieren nicht völlig fremd, aber als gängige

Praxis wird es von ihm kaum gelehrt. So waren es vor allem Inder, Vietnamesen oder Tibeter, die diese Methode bei uns verbreitet haben.

Über Sinn und Zweck der Meditation ist inzwischen viel geschrieben worden. Hier möchte ich sie definieren als eine Übung im Loslassen. Aber bevor wir noch länger theoretisieren:

PROBIEREN SIE DAS MAL

Setzen Sie sich bequem hin und dann tun Sie das, was Sie eben im Liegen im Bett bereits für ein paar Atemzüge getan haben: Sie beobachten Ihren Atem. Was das mit Loslassen zu tun hat, fragen Sie sich? Das merken Sie, sobald Sie es ausprobieren. Es wird Ihnen nämlich nicht lange gelingen, sich auf Ihren Atem zu konzentrieren. Ihre Gedanken und Fantasien nehmen Ihre Aufmerksamkeit schnell gefangen, lenken Sie ab von der Beobachtung des Atems. Sie fühlen sich noch müde, denken bereits über den Tag nach oder möchten lieber aufstehen und sich ins Leben stürzen. Und damit wären Sie sofort beim Machen und Tun statt beim Lassen und Dulden. Geduld will gelernt sein. Sie ist vielen abhandengekommen. Ihnen auch?

Wie schnell Sie von der Wahrnehmung des Atems abdriften, merken Sie am besten, wenn Sie Ihre Atemzüge zählen. Das geht so: Einatmen – eins, Ausatmen – eins, Einatmen – zwei, Ausatmen – zwei, und so weiter bis zehn.

Wie weit kommen Sie, bevor Sie vergessen haben, dass Sie eigentlich eine Atem-Meditation machen? Ärgern Sie sich nicht darüber, dass Sie ständig abschweifen. Dadurch bekommen Sie viele Gelegenheiten, das Loslassen zu üben. Sobald Sie sich bewusst werden, dass Sie nicht mehr beim Atem sind, lassen Sie Ihre Gedanken, Fantasien, Wünsche und Abneigungen los. Sie kehren zum Beobachten und Zählen des Ein- und Ausatmens zurück, immer wieder. Gehen Sie zurück auf Anfang und beginnen Sie bei eins.

Machen Sie das am Anfang für nur drei Minuten. Das reicht. Stellen Sie sich eine Uhr hin und schauen Sie ab und zu, ob die Zeit um ist. Dann stehen Sie auf und tun, was immer Sie an diesem Morgen als Nächstes tun wollen. Nach und nach können Sie die Meditationszeit auf 15 Minuten erhöhen. Machen Sie lieber weniger als mehr.

....

Es wäre gut, wenn Sie diese Übung im Loslassen ein Leben lang beibehalten. Es ist eine Methode, mit der man nie fertig wird. Sobald Sie aufhören, verschwinden nach und nach alle damit verbundenen Vorteile. Vor allem Ihre Gelassenheit wird darunter leiden.

Erwarten Sie bitte nicht, dass Sie gelassener werden, ohne etwas dafür tun zu müssen. Fällt Ihnen etwas auf? Eigentlich müsste es heißen: ohne etwas dafür lassen zu müssen.

Es gibt kaum eine bessere Möglichkeit als Meditation, um das Loslassen zu üben.

Tagsüber können Sie immer mal wieder kleine Meditationspausen machen. Nehmen Sie sich die Zeit, dreimal in Ruhe ein- und auszuatmen, zum Beispiel bevor Sie Ihre E-Mails checken oder einen Kaffee trinken.

Vorschau auf den Tag

Soll man positiv denken oder lieber nicht? Die Frage ist durchaus umstritten. Während die einen darauf schwören, mit positivem Denken sei alles möglich, behaupten die anderen, dass es nur Illusionen wecke. Kann positives Denken dazu beitragen, gelassener zu leben?

Wie bei allen umstrittenen Fragen steckt in jeder Meinung ein Körnchen Wahrheit. In der Tat kann man sich eine Menge vormachen, indem man positiv denkt. Wer sich einredet: »Ich bin die Ruhe in Person«, ist deshalb noch lange kein entspannter Mensch. Der Wunsch, gelassen zu bleiben, reicht nicht, um Herausforderungen locker anzugehen.

Auf der anderen Seite kann positives Denken eine wertvolle Hilfe sein, wenn man es denn richtig macht. Die Psychologie-Professorin Gabriele Oettingen hat sich in ihrem Buch *Rethinking positive thinking* (deutscher Titel *Die Psychologie des Gelingens*) Gedanken zu diesem Thema gemacht. Mithilfe wissenschaftlicher Studien bringt sie ein wenig Licht in das Dunkel. Ihr Fazit lautet: *Positives Denken ist nützlich, wenn man Probleme dabei nicht ausklammert, sondern strategisch angeht.*

Konkret heißt das, sich zunächst zu überlegen, welche Ziele man hat und wie jeweils das optimale Ergebnis aussieht. Danach stellt man sich vor, was alles schiefgehen könnte und wie man dies verhindert.

Manche Menschen haben das schon immer so gemacht, zum Beispiel der amerikanische Spitzensportler Al Oerter, der zwischen 1956 und 1968 viermal in Folge die Goldmedaille im Diskuswerfen gewann. Zur Vorbereitung seiner Wettkämpfe trainierte er nicht nur körperlich, sondern auch mental. Dabei stellte er sich vor, wie er selbst größte Probleme erfolgreich bewältigt. Zum Beispiel sah er vor seinem geistigen Auge, wie er am letzten Tag trotz strömenden Regens und anderer katastrophaler Wettkampfbedingungen den besten Wurf seines Lebens erzielt. Oder er malte sich aus, dass sein größter Konkurrent im Wettkampf einen

Weltrekord aufstellt und er ihn mit seinem letzten Wurf übertreffen muss. Tatsächlich gelang Oerter bei den Olympischen Spielen ein neuer Rekord. Diese Art des positiven Denkens hat ihm also sehr geholfen.

Dieselbe Methode können Sie täglich für Ihr Ziel nutzen, selbst unter schwierigsten Umständen gelassen zu bleiben.

PROBIEREN SIE DAS MAL

Stellen Sie sich gleich morgens vor, was an diesem Tag auf Sie zukommen wird. Welche Hürden werden Sie überspringen müssen? Aber bleiben Sie nicht bei der Aufzählung der voraussehbaren Probleme stehen, wie man das meistens tut und dann entmutigt den Tag beginnt, sondern überlegen Sie sich für jede Herausforderung sofort eine Lösung. Wie können Sie das Problem entweder von vornherein vermeiden oder wie werden Sie gelassen damit fertig?

Werden Sie kreativ. Lassen Sie sich etwas einfallen. Viele Schwierigkeiten lassen sich voraussehen. Wappnen Sie sich rechtzeitig mit Strategien, die Ihren Tag einerseits als Hindernislauf erscheinen lassen, Sie andererseits aber zum Champion in puncto Gelassenheit machen.

Am besten lösen Sie die möglichen problematischen Situationen in Wenn-dann-Beziehungen auf: Wenn dieses passiert, dann werde ich jenes tun.

Auf diese Weise können Sie Ihren Umgang mit den täglichen Herausforderungen nach und nach optimieren. Die meisten Schwierigkeiten sind banal und tauchen immer wieder auf. Aber nicht sie sind das eigentliche Problem, sondern dass wir uns keine Lösung überlegen und jedes Mal aufs Neue unter Stress geraten.

Ändern Sie das, indem Sie gleich morgens eine Vorschau auf den heutigen Tag machen.

....

In Ruhe frühstücken

Gehören Sie zu denen, für die das Frühstück eine der ersten Herausforderungen des Tages darstellt? Keine Zeit, kein Appetit, der erste Streit unter den Kindern, hungrig zur Arbeit?

In diesem Fall möchte ich Ihnen vorschlagen, dass Sie ab heute entspannt frühstücken. Worauf hätten Sie Appetit? Es muss ja nicht, wie einige fordern, die größte Mahlzeit des Tages werden. Finden Sie irgendetwas, worauf Sie sich beim Aufwachen schon freuen. Für manche ist das ein köstlicher Kaffee und ein knuspriges Brötchen, für andere ein frischer Joghurt mit leckerem Müsli.

Nehmen Sie sich Zeit dafür und essen Sie, ohne zu schlingen. Lassen Sie es sich schmecken.

Indem Sie sich hungrig auf den Weg machen, programmieren Sie Ihren Tag von Anfang an auf Stress. Wer hungrig und müde ist, reagiert nachweislich gereizter auf Herausforderungen. Dafür braucht es keine Studien. Das wissen Sie aus eigener Erfahrung oder wenn Sie Ihren Hund oder Ihre Katze beobachten.

Den Tag gehetzt und ohne Frühstück zu beginnen ist eine Form von Selbstquälerei. Tun Sie sich das bitte nicht an. Selbst wenn Sie abnehmen wollen, ist es keine gute Idee, mit der ersten Mahlzeit bis zum Mittag oder gar Nachmittag zu warten. Hungrig wie ein Wolf, verlieren Sie nämlich jede Selbstbeherrschung und essen mehr, als wenn Sie sich ein kleines, sättigendes Frühstück gegönnt hätten.

> Tu deinem Leib etwas Gutes, damit deine Seele Lust hat, darin zu wohnen.
>
> *Teresa von Avila*

Falls Sie einen Sinn dafür entwickeln möchten, können Sie Ihr Frühstück zu einer weiteren Achtsamkeitsübung machen: Richten Sie Ihre Aufmerksamkeit nur auf das Essen, Trinken und

Schmecken. Alle Gedanken lassen Sie los, sobald Sie diese bemerken. Unbedingt notwendig ist es nicht, besonders achtsam zu frühstücken, aber vielleicht finden Sie Gefallen daran.

Die tägliche Nachrichtenflut

Den ganzen Tag empfangen Sie Nachrichten. Damit meine ich nicht nur die Meldungen aus dem Radio, dem Fernsehen oder der Zeitung, sondern allgemein alle Informationen und Mitteilungen, die Sie vom Beginn des Tages an bis in die Nacht erreichen. Ihre Familie und Ihre FreundInnen haben Neuigkeiten für Sie, ebenso Kolleginnen, Kunden und Vorgesetzte. Ständig erhalten Sie Nachrichten auch über das Smartphone und das Internet, das immerhin drei Viertel aller Menschen in diesem Land nutzen. Von der Briefpost, Werbeflächen und gesprächigen NachbarInnen will ich gar nicht reden. Alle und alles haben Ihnen etwas mitzuteilen.

Vergessen Sie nicht sich selbst. In Ihrem Inneren kämpfen oft gleich mehrere Stimmen um Ihre Aufmerksamkeit. Ihr innerer Kritiker, Ihr innerer Antreiber und – wenn Sie Glück haben – Ihr innerer Freund haben Ihnen ebenfalls viel zu sagen.

Da jeden Tag so viele Informationen auf Sie ein-
prasseln, ist es enorm wichtig, wie Sie mit diesen
umgehen. Hierin liegt der Schlüssel zu Ihrer Ge-
lassenheit.

Nehmen wir an, Ihre zehnjährige Tochter klagt beim Frühstück über Bauchweh. Wie gehen Sie mit dieser Information um? Reagieren Sie besorgt oder gelassen? Wovon hängt Ihre Reaktion ab? Sie könnten sich ausmalen, dass das, was Ihre Tochter wahrnimmt, die ersten Anzeichen einer lebensgefährlichen Blinddarmentzündung sind. Dann wären Sie vermutlich alarmiert und würden sie in die Notaufnahme eines Krankenhauses fahren. Da Sie aber Ihr Kind kennen und gehört haben, dass am Vormittag in der Schule eine Rechenarbeit ansteht, wissen Sie, dass Ihre Tochter vor jeder Prüfung »Bauchweh« hat. Zur Sicherheit fragen Sie nach, und tatsächlich, Ihre Tochter hat ein bisschen Angst vor dem Test. Sie bleiben gelassen und machen Ihrer Tochter Mut, dass sie die Rechenaufgaben schaffen wird, da sie sich gut vorbereitet hat.

Ihr besonnenes Verhalten und die langjährige Erfahrung mit Ihrer Tochter haben Sie davor bewahrt, in eine Krisenstimmung zu verfallen. Ich kenne Menschen, die in solchen Situationen sofort zum Arzt fahren, auch wenn der jedes Mal einen Fehlalarm feststellt.

Es hängt also weniger von der Situation als vielmehr von der Bewertung der Lage ab, wie jemand reagiert.

Zu dieser Erkenntnis ist bereits vor etwa 2000 Jahren der griechische Philosoph Epiktet gelangt. Er sagte:

»Nicht das Ereignis selbst macht uns zu schaffen, sondern das, was wir darüber denken.«

Epiktet war einer der wichtigsten Vertreter der stoischen Philosophie. Die Stoiker gelten bis heute als Denker, die nichts erschüttern kann. 1955 hat der amerikanische Psychotherapeut Albert Ellis daraus das Abc der Gefühle abgeleitet und so ein wirksames Mittel gegen Stress aller Art entwickelt. Er formuliert es so:

»Nicht A führt zu C, sondern B.«

A, das ist irgendein **A**ktivierendes Ereignis. C sind die Konsequenzen, amerikanisch **C**onsequences, meist Gefühle und Handlungen. B steht für **B**ewertungen, oft auch einfach Bullshit (die Übersetzung überlasse ich Ihnen).

Diese Erkenntnis hat weitreichende Folgen. Ein unmittelbarer Zusammenhang zwischen Reiz und

Reaktion ist damit widerlegt. Es gibt keine »Stresssituationen« an sich. Sonst müssten alle Menschen bei denselben Umständen gleich reagieren. Das ist aber nahezu nie der Fall. Menschen denken unterschiedlich über dieselben Tatsachen. Deshalb fühlen und handeln sie auch so verschieden.

Dass wir nicht automatisch auf Stress programmiert sind, gibt uns enorme Freiheiten. Mit unserem Denken haben wir es selbst in der Hand (genauer gesagt: im Kopf), ob wir gelassen bleiben oder uns aufregen. Diese Tatsache ist den meisten nur nicht bewusst. Deshalb fühlen sie sich ihrer Umgebung emotional ausgeliefert. Indem Sie Ihr Denken ändern, können Sie jedoch Ihr Fühlen und Handeln selbst bestimmen.

PROBIEREN SIE DAS MAL

Wählen Sie aus Ihrer Vorschau auf den heutigen Tag eine Situation aus, der Sie mit gemischten Gefühlen entgegensehen.

- Wie denken Sie im Moment darüber?
- Was könnten Sie sich sagen, um dem Ereignis gelassen entgegenzusehen?

Viele Menschen hören und sehen schon in den ersten Minuten nach dem Aufwachen Nachrichten. Manche lassen sich sogar davon wecken. Einige checken beim Frühstück die neuesten Meldungen. Andere kaufen sich auf dem Weg zur Arbeit eine Zeitung. Autofahrer schalten oft sofort das Radio ein. Im Internet steht eine unüberschaubare Anzahl von Kanälen zur Information bereit. Diese Berieselung mit Nachrichten dauert oft ununterbrochen den ganzen Tag an. Bei der Arbeit läuft das Radio. Im Supermarkt, in Fahrstühlen, beim Zahnarzt, in der U-Bahn: Überall werden die neuesten Meldungen verbreitet. Es ist gar nicht so einfach, sich dieser Informationsflut zu entziehen. Doch entscheidend sind nicht die Nachrichten, egal aus welcher Quelle sie kommen, sondern wie Sie darauf reagieren. Das hängt allein von Ihren Bewertungen ab. Sie können alles entweder dramatisieren oder die Dinge entspannt betrachten. Wie wäre es, wenn Sie sich heute öfter mal für die zweite Alternative entscheiden?

3

Bei der Arbeit

Ich weiß nicht, ob Sie berufstätig sind. Das folgende Kapitel richtet sich unabhängig davon an jeden, der Aufgaben zu erledigen hat, die ihm oder ihr wichtig sind. Das trifft allemal zu, wenn Sie einen Haushalt führen, Kinder erziehen, einen Garten bewirtschaften, ehrenamtlich für einen Verein unterwegs sind oder Ihre Lebenserinnerungen für Ihre EnkelInnen aufschreiben.

Die Struktur der Herausforderungen ähnelt sich bei allen Aufgaben dieser Art. Egal ob bezahlt oder nicht, eines steht fest: *Bei jeder Form von zielgerichtetem, engagiertem Handeln steht man früher oder später vor Problemen und damit vor der Frage, ob man gelassen bleiben will oder nicht.*

Eventuell müssen Sie den folgenden Text an der einen oder anderen Stelle Ihren Gegebenheiten anpassen. Aus dem Weg zum Büro wird dann der Weg zum Garten, zum Vereinshaus oder wo immer Ihre Aufgaben Sie hinführen.

Der Weg ins Büro

Falls Sie so wie ich zu Hause arbeiten, können Sie sich glücklich schätzen. Sie sparen sich morgens und abends den Weg zum Arbeitsplatz. Ein paar Schritte zum Schreibtisch, wo der Computer steht, und schon sind Sie da.

Normalerweise muss man jedoch eine längere Strecke zurücklegen, bis man mit der Arbeit beginnen kann. Wer im Umland einer Großstadt wohnt, braucht vielleicht eine Stunde, um ins Büro zu gelangen. Mobilität wird heute großgeschrieben. So kann es beispielsweise vorkommen, dass jemand einen Job in Ulm findet, der Partner jedoch eine Stelle in München hat und deshalb beide nach Augsburg ziehen, um von da aus zu ihrem jeweiligen Arbeitsort zu pendeln. Gar nicht zu sprechen von denjenigen, deren Beruf Reisen rund um den Erdball mit sich bringt. Denken Sie an die Musiker, die auf ihren Tourneen monate-, wenn nicht jahrelang verschiedene Kontinente besuchen.

Für viele bedeuten die Fahrten ins Büro große Belastungen, besonders wenn auf der Strecke Unfälle Staus verursachen oder schlechte Wetterverhältnisse die Fahrten unsicher machen. Wer nicht mit dem Auto unterwegs ist, sondern Bahn und Bus benutzt, klagt über Verspätungen, überfüllte oder gar ausgefallene Züge und über Regengüsse auf dem Fußweg.

Kann man da gelassen bleiben? Nun, das kommt darauf an, wie man darüber denkt. Wer der Meinung ist, dass Verkehrssysteme perfekt sein müssten, wird sich wohl häufig ärgern. Wer dagegen begreift, dass Verspätungen, Zugausfälle, Staus und schlechtes Wetter normal sind und allemal keine Katastrophen darstellen, wird sich wenig darüber aufregen.

> Jedes Ding hat drei Seiten, eine positive, eine negative und eine komische.
>
> *Karl Valentin*

Wo steht geschrieben, dass alle Ampeln auf Grün zu stehen haben, wenn man auf dem Weg zur Arbeit ist? Gibt es irgendein Land auf der Erde, in dem sämtliche Straßen in allerbestem Zustand sind? Mir ist keines bekannt. Wo findet man keine Verkehrsstaus und kein Gedränge? Okay, am Nordpol herrscht noch einigermaßen Ruhe, aber dort fühlt man sich nur als Eisbär richtig wohl.

Außerdem kann man Zeitnot vermeiden, wenn man rechtzeitig losfährt. Manche haben für den Fall, dass sie im Stau stehen, immer ein Hörbuch dabei. Auf diese Weise nutzen sie die Unterbrechung sinnvoll. Man muss den Weg zur Arbeit nicht lieben, doch wenn er ein ständiges Ärgernis darstellt, sollte man lieber umziehen, sich eine günstiger gelegene Arbeitsstelle suchen oder anfangen, gelassener über die Verkehrsprobleme zu denken.

Probleme lösen

Arbeiten heißt Probleme lösen. ÄrztInnen bekämpfen die Krankheiten ihrer PatientInnen. AnwältInnen verteidigen die Rechte ihrer MandantInnen. SchriftstellerInnen unterhalten ihre LeserInnen, erklären ihnen die Welt oder sagen ihnen, wie sie gelassen durch den Tag kommen. Sie alle lösen die Probleme ihrer KundInnen.

Auch Eltern tun im Grunde nichts anderes, als Probleme zu lösen. Sie kochen für ihre Kinder, bringen sie zur Schule und machen ihr Zimmer sauber, solange der Nachwuchs noch nicht alleine dazu imstande ist.

Das alles ist mühsam. Aus diesem Grund nennt man es Arbeit!

Weniger anstrengend ist es, wenn man die vor einem liegenden Aufgaben mit viel Gelassenheit angeht; Probleme haben nämlich eine praktische und eine emotionale Seite. Die praktischen Dinge lassen sich leichter regeln, wenn es einem gelingt, die Ruhe zu bewahren. Niemand möchte einen Chirurgen, dem die Hände zittern. Herumbrüllende LehrerInnen braucht kein Schüler beim Lernen. Nervöse Busfahrer, die rasant beschleunigen, nur um im nächsten Moment abrupt zu bremsen, bereiten ihren Gästen keine angenehme Fahrt.

Daher ist es für alle Beteiligten gut, wenn Sie sich bei Ihrer Arbeit entspannen. Ja, entspannen! Vielen wird das wie ein Oxymoron vorkommen, aber sei's drum!

Vielleicht fragen Sie sich auch, wie das gehen soll. Im Grunde ist es gar nicht so schwer. Hier kommt eine kleine Liste von Möglichkeiten, bei der Arbeit zu relaxen:

1. Sie legen Ihre Arme auf den Schreibtisch, Ihren Kopf auf die Arme und schlummern sanft ein. Kein Scherz! So hat es ein Kollege von mir gemacht. Außer der Geschäftsleitung wusste jeder, dass er bei der Arbeit ab und zu ein Nickerchen machte. Da er so liebenswürdig und überall geschätzt war, wurde es toleriert. Aber grundsätzlich würde ich davon eher abraten. Hätte die Geschäftsführung davon erfahren, wäre er sicherlich abgemahnt und im Wiederholungsfall gekündigt worden.

2. Günstiger ist es, regelmäßig kleine bewusste Atempausen einzulegen. Das ist so unauffällig, dass es außer Ihnen niemand bemerken wird. Wenn es gar nicht anders geht, können Sie diese Minipausen mit einem Gang zur Toilette verbinden.

3. Sehr entspannend kann es sein, einer Aufgabe seine ungeteilte Aufmerksamkeit zu schenken. Ein zerstreuter Geist verbraucht mehr Energie als ein gesammelter. Mit den Händen bei der Arbeit, doch mit dem Kopf sonst wo zu sein ist zwar weit verbreitet, aber nicht die leichteste Art, etwas zu schaffen. Mit unangestrengter Konzentration zu arbeiten ist fast wie eine Meditation.

Manche Menschen geraten dabei in einen Flow-Zustand. Wenn die Aufgabe als interessant empfunden wird und man sich voll und ganz auf sie einlässt, vergeht die Zeit wie im Flug.

4. Entscheidend ist es, sich bei der Arbeit so gut wie möglich von jedem Druck zu befreien. Manche machen sich diesen Druck selbst, indem sie von sich perfekte Ergebnisse verlangen. Andere lassen sich von ihren Vorgesetzten unter Spannung setzen.

Wie Sie bereits wissen, geht der Stress nie von der Situation oder anderen Personen aus, sondern im-

mer vom eigenen Denken. Sobald sich ein MUSS in Ihr Denken einschleicht, bauen Sie eine innere Anspannung auf: »Ich MUSS bis um 17 Uhr fertig werden«, »Mein Chef MUSS immer hundertprozentig mit mir zufrieden sein«, »Ich MUSS jedes Mal Erfolg haben«. Mit solchen oder ähnlichen absoluten Forderungen machen viele ihre Arbeit zum Stress.

Verzichten Sie auf MUSS-, SOLLTE- und DARF-NICHT-Sätze (»Ich DARF mir KEINE Fehler erlauben«, »Mein Job SOLLTE mir täglich Spaß machen«) und Sie haben die Gelassenheit auf Ihrer Seite.

Oft reicht es schon, wenn man seine »MUSS«-Gedanken bewusst wahrnimmt, um sich von Druck zu befreien. Falls das nicht genügt, empfiehlt es sich, seine Gedanken anzuzweifeln (»MUSS ich wirklich bis um 17 Uhr fertig werden?«, »DARF ich mir tatsächlich KEINE Fehler leisten?«) und dann Gründe zu finden, dass die eigenen Überzeugungen nicht zutreffen (»Notfalls kann ich die Sache auch noch morgen Vormittag beenden«, »Ich möchte fehlerfrei arbeiten, aber falls mir doch welche unterlaufen, kann ich damit fertigwerden«).

5. Wahren Sie eine gesunde Distanz zu Ihrer Arbeit und den Problemen, die Sie dabei lösen möchten. Dass entspanntes Arbeiten kein Luxus, sondern oft sogar eine absolute Notwendigkeit ist, wurde mir klar, als ich die folgende Geschichte las:

Ein Chirurg, der sich auf Hirnoperationen spezialisiert hatte und auf seinem Gebiet zu einem anerkannten Experten geworden war, führte vor einem Eingriff, bei dem es um die Entfernung eines Aneurysmas (das ist die krankhafte Erweiterung einer Schlagader) ging, mit seiner Patientin mehrere intensive Gespräche. Er lernte sie dabei, anders als dies üblicherweise bei seinen PatientInnen der Fall war, näher kennen. Sie war Sängerin, und ihr Beruf bedeutete ihr alles. Deshalb offenbarte sie ihm, dass sie lieber sterben wolle, als nach der Operation körperlich oder geistig beeinträchtigt zu sein.

Der Chirurg konnte sich mit ihrem Standpunkt sehr gut identifizieren. Und genau das, die fehlende Distanz zu seiner Patientin, sollte sich bei der Operation als Problem erweisen. Ihm zitterten zum ersten Mal in seiner Karriere die Hände. Glücklicherweise hatte er jahrzehntelange Erfahrung in Meditation. Er setzte sich für ein paar Minuten auf einen Stuhl und atmete entspannt ein und aus. Danach war er imstande, die Operation zu beginnen. Sie verlief erfolgreich.

Professionelle Routine schadet der Arbeit nicht. Im Gegenteil: Sie ist sogar nützlich. Zu Beginn sagte ich, dass Probleme eine praktische und eine emotionale Seite haben. Eine Gehirnoperation ist schon technisch gesehen schwierig genug. Wenn dann noch emotionale Probleme dazukommen, wird die Ausführung unmöglich oder gefährlich. Deshalb ist eine gewisse Gelassenheit im Beruf – nicht nur bei HirnchirurgInnen – eine große Hilfe.

Anhand dieses Beispiels möchte ich auch gleich die Frage mit beantworten, ob man die Dinge immer so akzeptieren muss, wie sie sind, oder ob man sie auch ändern kann. Wie unterscheidet sich Gleichgültigkeit von Gelassenheit?

Man kann alles übertreiben, auch das Akzeptieren. Wie überall im Leben ist der mittlere Weg oft der beste: nicht zu viel ändern und nicht zu wenig, nicht zu viel akzeptieren und nicht zu wenig. Positiv ausgedrückt: einen Teil der Dinge ändern und einen Teil von ihnen akzeptieren.

Leider versuchen zahlreiche Menschen, ausgerechnet das zu ändern, was sich nicht ändern lässt, sondern nur akzeptiert werden kann, während sie das akzeptieren, was sie sehr wohl ändern könnten.

Der Chirurg in unserem Beispiel war engagiert und entspannt zugleich. Gleichgültigkeit wäre in seinem Beruf unpassend. Es war ihm nicht egal, wie die Operation ausging. Andererseits brauchte er für den Eingriff Gelassenheit. Doch solange er angespannt war, zitterten ihm die Hände. Er durfte sich nicht auf das Ergebnis konzentrieren, sondern musste auf jeden einzelnen Handgriff achten. Das war alles, was in seiner Macht stand. Was am Schluss dabei herauskam, oblag nicht ihm, sondern höheren Mächten, dem Schicksal oder dem Zufall, wie immer Sie das sehen wollen.

»Schwierige« Kunden

Wenn da die Kunden nicht wären, würde ich diesen Job lieben, heißt ein Buch von Robert Bacal. Damit spricht er vielen VerkäuferInnen aus dem Herzen. Aber nicht nur ihnen. »Wenn da die SchülerInnen nicht wären, …«, »Wenn da die PatientInnen nicht wären, …«: Eine Menge Menschen leiden in ihrem Beruf unter den Leuten, mit denen sie zu tun haben. Natürlich nicht unter allen, aber ein paar sind immer darunter, die einem gehörig auf den Senkel gehen können. Als man noch von seinem Beruf träumte (wenn überhaupt), hatte man oft idealistische Vorstellungen, wie alles sein würde: ideale KundInnen und KlientInnen, ideale Arbeitsverhältnisse, eine ideale Karriere. Doch dann kam die Wirklichkeit dazwischen und mit ihr die Klage: »Mein Beruf nervt!«

Aber erstens wissen Sie inzwischen, dass es nicht der Beruf selbst ist, der nervt, sondern nur Ihre unrealistischen Forderungen, wie Ihre Arbeit zu sein habe. In Gedanken kann man sich alles schön träumen, aber Träume und Tatsachen sind eben zweierlei.

Zweitens gibt es einen Unterschied zwischen Profis und Amateuren. Erstere haben gelernt, über die Schattenseiten ihres Berufs hinwegzusehen bzw. sie können damit umgehen und ihre Ruhe bewahren. Die Amateure dagegen werden nicht müde, weiter zu träumen. Nicht selten jagen sie dem idealen Beruf oder dem idealen Arbeitsplatz ein Leben lang hinterher, ohne ihn zu finden. Meist verbittern sie dabei und beklagen sich, dass das Leben zu hart sei.

Deshalb empfehle ich Ihnen, sich so früh wie möglich eine professionelle Einstellung zuzulegen. Als Schriftsteller muss ich zum Beispiel eine Menge Absagen und Kritik ertragen. Das geht jedem Autor und jeder Autorin so. Nicht einmal Joanne Rowling wurde mit ihrem »Harry Potter«-Epos von der Verlagswelt mit offenen Armen empfangen. Zunächst wollte niemand ihren Roman drucken. Die einen fanden ihn zu lang, andere nicht kommerziell genug. Schließlich überlegte es sich eines der Verlagshäuser doch noch und veröffentlichte das

Buch – in einer Erstauflage von 500 Stück. Mittlerweile sind 500 Millionen weitere Exemplare hinzugekommen.

Und die LeserInnen? Ja, die meisten lieben Rowlings Bücher, aber einige finden die Lektüre reine Zeitverschwendung: keine Magie, die Story lieblos und platt erzählt. Was lernen wir daraus? Niemand kann es allen recht machen!

Das alles sind Gelegenheiten, Gelassenheit zu lernen.

PROBIEREN SIE DAS MAL

Nehmen wir an, Sie wären Joanne Rowling. Wie würden Sie an ihrer Stelle mit den Erinnerungen an die lange Liste der Absagen und der respektlosen Kritik einiger LeserInnen umgehen? Was müssten Sie sich sagen, um sich darüber aufzuregen? Und was, um gelassen zu bleiben?

Und jetzt denken Sie an die Misserfolge in Ihrer Berufslaufbahn und die Kritik, die an Ihnen und Ihrer Arbeit geübt wurde. Welche Überlegungen könnten Ihnen helfen, um mit der gleichen Gelassenheit zu reagieren, die Sie anstelle von Joanne Rowling zeigen würden.

Wenn Sie wollen, können Sie sogar noch einen Schritt weiter gehen. Im Buddhismus gibt es eine Übung, die sich »Liebende Güte« nennt. Bezogen auf schwierigen KundInnen, könnte sie so aussehen:

PROBIEREN SIE DAS MAL

1. Nehmen Sie sich ein paar Minuten Zeit und stellen Sie sich zunächst Personen vor, die mit Ihrer Arbeit hochzufrieden waren. Diesen gegenüber haben Sie bestimmt herzliche Gefühle. Bleiben Sie eine Weile dabei.
2. Danach denken Sie an KundInnen, die weder Zufriedenheit noch Unzufriedenheit mit Ihrer Leistung gezeigt haben. Versuchen Sie, auch diesen gegenüber ein herzliches Gefühl zu empfinden.
3. Zuletzt wenden Sie sich den KundInnen und KlientInnen zu, die Sie aus dem inneren Gleichgewicht zu bringen scheinen. Sie stellen eine besondere Herausforderung dar. Bestimmt haben diese ihre Gründe für ihre Kritik und ihr Verhalten. Machen Sie sich bewusst: Genauso wenig wie Ihre KundInnen Sie nerven können, können Sie Ihre KundInnen nerven. Auch bei Ihren KäuferInnen spielen die Gedanken die entscheidende Rolle. Möglicherweise haben Ihre AuftraggeberInnen völlig übertriebene Erwartungen an Ihre Leistung gehabt. Vielleicht sind sie nicht in der Lage, Ihre Arbeit wertzuschätzen. Das alles wissen Sie meist

nicht so genau. Unabhängig davon können Sie deren Enttäuschung jedoch bestimmt ein wenig mitempfinden; denn Sie waren selbst als KundIn auch schon des Öfteren enttäuscht.

Empfinden Sie auch mit sich selbst Mitgefühl; denn Sie haben Ihr Bestes gegeben und müssen sich nichts vorwerfen. Sollten Sie tatsächlich etwas falsch gemacht haben, so ist das menschlich.

Versuchen Sie Ihren kritischen KundInnen und sich selbst so viel Mitgefühl (liebende Güte) entgegenzubringen, wie Ihnen das momentan möglich ist.

....

Unzufriedenheit und Stress haben die ungute Tendenz, sich immer weiter auszubreiten. Einer muss anfangen, damit aufzuhören. Seien Sie eine der Personen, die unberechtigte Kritik und Stress nicht an andere weiterreicht, sondern solche Stressreaktionen durch positive Gefühle ersetzt.

Sie brauchen sich keine Sorgen zu machen, dass sich negative Gefühle in Ihnen speichern, wenn Sie diese nicht »herauslassen«. Sie sind weder ein Speicher noch ein Fass, das überlaufen kann. Genau genommen sind negative Gedanken und Gefühle Ihrer KundInnen lediglich Informationen. Diese fließen durch Sie hindurch. Es sei denn, Sie halten sie fest, indem Sie anderen davon erzählen oder sich häufig daran erinnern. Negative Schwingungen lassen sich durch positive ersetzen. Deshalb ist es günstig, wenn Sie mit Ihrer »schwierigen« Kundschaft auch irgendetwas Angenehmes wie Verständnis, Mitgefühl oder liebende Güte verbinden.

Die lieben Kollegen

»Wenn da die KollegInnen nicht wären, könnte ich diesen Job lieben«: Was für KundInnen gilt, trifft oft auch auf KollegInnen zu. Ohne sie oder wenigstens einige von ihnen würde einem die Arbeit mehr Spaß machen.

Wir haben es hier mit einem allgemeinen Phänomen zu tun. Nehmen Sie eine genügend große Zahl von Menschen und schon zerfällt die Gruppe in angenehme und unangenehme Personen. Bereits wenn Sie auf zwei Menschen treffen, wird Ihnen der eine vermutlich mehr liegen als der andere. Und wenn man ein Beziehungsgeflecht nach Sympathien und Antipathien erstellt, erhält man ein verwirrendes Bild wild durcheinandergehender Emotionen. A mag B, aber C und D nicht. Umgekehrt mag B zwar D, aber A und C nicht und so weiter.

Man mag noch so sehr liebende Güte (siehe oben) üben, über bestimmte Zuneigungen und Abneigungen kommt man schwer hinweg. Letztlich ist das auch überhaupt nicht nötig; denn schließlich geht es in diesem Buch in erster Linie um Gelassenheit. Sie müssen Ihre KollegInnen nicht aus tiefstem Herzen lieben. Eine professionelle Einstellung genügt. Sie brauchen ja nur sachlich mit ihnen zusammenzuarbeiten. Wenn sich Freundschaften zu einigen KollegInnen ergeben, ist das schön. Unbedingt notwendig ist es nicht. Sie können sich beim Eintritt in eine Firma Ihr Team genauso wenig aussuchen wie die KundInnen, für die Sie tätig werden. Das erhöht den Schwierigkeitsgrad beim Ziel, heute gelassen zu bleiben, unter Umständen beträchtlich.

Manche Belegschaften sind so zerstritten, dass die Firmenleitungen externe Berater hinzuziehen müssen, um überhaupt wieder zu einer vernünftigen Zusammenarbeit zu kommen. Im Sport, wo die Beziehungen in vielen Teams relativ offenliegen, kann man besonders gut beobachten, wie der gemeinsame Erfolg leidet, wenn die einzelnen SpielerInnen nicht kooperieren. Die Stimmung in solchen Mannschaften ist entsprechend schlecht. Einzelne Fraktionen arbeiten mehr gegen- als miteinander. Schnell werden dann Sündenböcke gefunden. Einzelne MitarbeiterInnen werden ausgegrenzt. Mobbing ist jedoch älter als dieser Begriff. Es ist eine Dynamik, die in Gruppen leider typischerweise auftritt.

Deshalb gehört es zu den täglichen Herausforderungen, in Gruppen aller Art gelassen zu bleiben. Es ist normal, dass jeder seine Sympathien unterschiedlich verteilt. Sie mögen einige mehr als andere. Umgekehrt ist es genauso. Kein Grund, dies zu dramatisieren.

Eine professionelle Einstellung erleichtert die Zusammenarbeit. Stellen Sie die Sache in den Vordergrund und akzeptieren Sie, dass nicht alles so läuft, wie Sie sich das wünschen. Auch das ist normal. Natürlich würde es besser laufen, wenn es ideal wäre. Aber das ist es nicht, nie, nirgendwo. Wenn Sie sich das klarmachen und gleichzeitig sehen, dass trotzdem erstaunlich viel klappt, sind Sie einen entscheidenden Schritt weiter.

Darf man auch mal wütend werden? Aber selbstverständlich, Gelassenheit heißt ja nicht, dass man blöd ist. Wenn eine KollegIn Ihnen übel mitspielt, dürfen Sie ihr natürlich zeigen, dass sie eine Grenze überschritten hat. Würden Sie dabei total ruhig bleiben, bekäme Ihre KollegIn vielleicht gar nicht mit, dass es Ihnen ernst ist. In einigen Fällen kann es deshalb Sinn machen, Ärger vorzutäuschen, damit sich die EmpfängerIn die Botschaft merkt. Innerlich sind Sie möglicherweise viel ruhiger, als Sie nach außen hin tun. Die Wirkung ist bei manchen nachhaltiger, wenn Sie fauchen. Sie müssen ja nicht zubeißen.

Auf das Grenzensetzen kann man in Beziehungen nicht verzichten, auch nicht in Arbeitsbeziehungen. Woher sollen die anderen wissen, wo Ihre roten Linien verlaufen, wenn Sie es nicht kommunizieren? »Bis hierher und nicht weiter« ist eine Botschaft, die viele benötigen, um mit Ihnen anschließend gut auszukommen.

Lassen Sie sich nicht alles gefallen. Setzen Sie Grenzen. Trauen Sie sich, Wünsche Ihrer KollegInnen auch mal abzulehnen. Nein zu sagen fällt vielen schwer, ist aber ebenfalls unerlässlich, um mit anderen gut zurechtzukommen.

Grenzensetzen und Neinsagen sind zwei wichtige Elemente selbstsicheren Auftretens. Die meisten kennen nur Nachgiebigkeit und Aggressivität. Erstere ist von Angst gespeist, Letztere von Ärger. Selbstsicherheit dagegen kommt aus einer angstfreien, gelassenen Einstellung. Grundsätzlich gilt: Je entspannter und selbstverständlicher Sie Ihre Standpunkte vertreten, desto leichter wird es Ihren KollegInnen fallen, sachlich mit Ihnen zusammenzuarbeiten.

Teamleiter und andere Vorgesetzte

Nicht selten ist es die Geschäftsführung, die einem die Arbeit verleidet. Wenn ich hier von Teamleitung spreche, wird das für manche wie eine Beschönigung der Realität klingen. Nicht alle ChefInnen verstehen sich als Teil des Teams. Vielmehr meinen sie, sie stünden über ihren MitarbeiterInnen bzw. diese unter ihnen. Sich als *primus inter pares* (Erster unter Gleichen) zu sehen kommt ihnen kaum in den Sinn.

Tatsächlich haben sich die Arbeitsverhältnisse in den letzten 150 Jahren grundlegend gewandelt. Bis in die Mitte des vorigen Jahrhunderts war die Beziehung zwischen Chef und Arbeiter durch Befehl und Gehorsam gekennzeichnet. Widerrede gab es nicht. So war es in den Familien, in den Schulen, in der Kirche, beim Militär und in den Fabriken. Wenn einem dies diktatorisch vorkommt, liegt man durchaus richtig. Die Demokratie hat sich im Westen Deutschlands erst nach 1945, im Osten sogar erst nach 1989 durchsetzen können. Viele gesellschaftliche Institutionen haben sich seitdem gewandelt. Aber es gibt immer noch Reste des alten Denkens.

Wenn »Teamleiter« sich neuerdings als »Coaches« verstehen, die ihre Mitarbeiter »fördern«, ist das meist nicht mehr als Fassade. »Welche Ziele möchten Sie sich denn im nächsten Jahr setzen?«, will der Chef im Jahresgespräch wissen, und dann fragt er so lange, bis er die Antwort bekommt, die er seinem Mitarbeiter gleich zu Beginn als Befehl hätte erteilen können. Das wäre ehrlicher gewesen. Mit Coaching hat ein solches Gespräch nichts zu tun.

Die meisten Menschen mögen keine Diktaturen, egal in welcher Form. Untersuchungen zeigen, dass diejenigen, die in Demokratien leben, gesünder sind, sich wohler fühlen und Probleme besser lösen. Stress, Ärger, Feindseligkeit, Angst und Krankheiten kommen seltener vor.

Will man auch mit seinen Vorgesetzten gelassen umgehen, ist es gut, sich von vornherein ein Bild von dem »Klima« in einem Betrieb zu machen. Ist es eher demokratisch oder diktatorisch? Wie würden Sie das in Ihrer Firma auf einer Skala von 1 bis 10 einschätzen, wobei 1 für »sehr autoritär« und 10 für »sehr partnerschaftlich« steht. Falls Sie mit 1 bis 3 antworten, brauchen Sie sich über häufige Konflikte am Arbeitsplatz nicht zu wundern. Bei 4 bis 7 sind Sie ebenfalls noch ein ganzes Stück von richtig guten Verhältnissen entfernt. Können

Sie ohne großes Nachdenken 8 bis 10 sagen, fühlen Sie sich an Ihrem Arbeitsplatz wahrscheinlich sehr wohl.

Bei wiederkehrenden Problemen mit Ihrer ChefIn lohnt es sich, einen Wechsel der Firma zu planen. Auch wenn Sie viel für Ihre Gelassenheit tun können, indem Sie entspannt über Ihre Aufgaben, Ihre Kunden, Ihre Kolleginnen und Ihren Chef denken, wird der innere Aufwand auf die Dauer doch sehr hoch, wenn das Äußere nicht stimmt.

Davon abgesehen, hängt tatsächlich viel von Ihrer Einstellung ab. Je weniger absolute Forderungen Sie innerlich an Ihre Vorgesetzten stellen (»Er muss …, Sie sollte …, Er darf nicht …), desto weniger Stress werden Sie mit ihnen haben.

Gelegentliche Konflikte sind in jeder Beziehung normal. Aber die positiven Begegnungen sollten die negativen deutlich überwiegen. Sonst stehen die Zeichen auf Trennung.

Natürlich können Sie alles, was im vorigen Kapitel über das Grenzensetzen und Neinsagen steht, auch gegenüber Ihren Vorgesetzten anwenden.

Pausen nicht vergessen

Gerade habe ich eine Pause gemacht. Sie auch?
Pausen sind ein Teil der Arbeit. Ohne sie erschöpft man sich. Deshalb sind kleine und große Pausen zwischendurch, nach der Arbeit (Feierabend!), am Wochenende und in Form von Urlaub und Ferien so sinnvoll.

Wussten Sie, dass Erholung und Freizeit, eine vernünftige Begrenzung der Arbeitszeit und regelmäßiger bezahlter Urlaub Menschenrechte sind? Sie sind in Artikel 24 der Allgemeinen Erklärung der Menschenrechte der Vereinten Nationen vom 10. Dezember 1948 verbrieft. Meist wird nur die politische Verfolgung als Menschenrechtsverletzung angesehen. Aber die Rechte aller Menschen umfassen viel mehr. Auch das Recht auf Arbeit, auf freie Berufswahl, auf gerechte und befriedigende Arbeitsbedingungen sowie auf Schutz vor Arbeitslosigkeit gehört dazu (Artikel 23, Absatz 1), übrigens auch das Recht auf gleichen Lohn für gleiche Arbeit (Artikel 23, Absatz 2).

Wer Ihnen Pausen verweigert, verletzt Ihr Menschenrecht. Falls Sie selbst ständig auf Erholung verzichten, verweigern Sie sich dieses Recht selbst. Da Sie sich für Gelassenheit interessieren, gehe ich davon aus, dass Sie den Wert von Pausen bereits erkannt haben oder auf dem besten Weg sind, dies nachzuholen.

In Schulen erklingt nach 45 Minuten ein Pausensignal. Der Unterricht wird für fünf Minuten unterbrochen. Nach zwei Unterrichtsstunden folgt eine Pause von 20 Minuten, die im Freien verbracht wird. Nach vier Stunden dasselbe. Nach sechs Unterrichtsstunden ist in der Regel Schluss. Ich hoffe, dass diese Tradition weiter gepflegt wird. Sie ist klüger, als mir zu meiner Schulzeit bewusst war.

Nichts bringt uns auf unserem Weg besser voran als eine Pause.

Elizabeth Barrett Browning

Menschen unterliegen bestimmten natürlichen Rhythmen. Einer davon ist ein Pausenrhythmus im Wechsel von ungefähr 90 und 20 Minuten. Das heißt, nach spätestens anderthalb Stunden schaltet Ihr Geist automatisch für einige Minuten auf Pause um. Er driftet in Tagträume ab. Interessanterweise träumen wir nicht nur nachts, sondern auch tagsüber. Wir empfinden das als so normal, dass es uns meist gar nicht bewusst ist. Und oft schlafen wir nicht nur nachts, sondern auch während des Tages. Die meisten wachen ihr Leben lang nicht auf. Dieser kleine Scherz hat durchaus einen ernsten Hintergrund. Unsere Gewohnheiten verhindern, dass wir vollbewusst handeln. Als Kinder werden wir von den Erwachsenen so programmiert, wie es in unserer Gesellschaft generell erwünscht ist. Von diesen teilweise sehr schädlichen Programmen befreit sich bisher nur eine Minderheit. (Wenn Sie Lust haben, mehr darüber zu erfahren, empfehle ich Ihnen mein Buch *Reset – Bei dir ist nichts kaputt, du bist nur scheiße programmiert.*)

Erlauben Sie sich, Ihre Arbeit ganz bewusst ab und an zu unterbrechen. Verstecken und tarnen Sie Ihr Bedürfnis danach nicht, sondern gehen Sie offen und selbstbewusst damit um. Es ist Ihr gutes Recht.

Entspanntes Mittagessen

Mit dem Essen ist derzeit eine Menge Stress verbunden. In früheren Zeiten war eigentlich nur der Mangel an Essbarem ein Problem. In bestimmten Gegenden der Welt herrscht immer noch Hunger. Aber bei uns ist das Essen aus anderen Gründen zu einer Herausforderung geworden.

1. Problem: Dickmacher

Lebensmittel werden heutzutage von vielen nicht mehr unter dem Aspekt angeschaut, ob sie schmecken, sondern ob sie dick machen. Dieses Verhalten basiert zumindest teilweise auf einem Missverständnis. *Kein Lebensmittel macht dick oder schlank. Es kommt immer auf die Menge an.* Selbstverständlich haben Hamburger, Pommes, Schokolade und Limonaden eine Menge Kalorien. Trotzdem wird niemand davon dick, es sei denn, man isst und trinkt das alles täglich in XL-Portionen. Der Satz »Ich brauche das nur anzuschauen und schon habe ich ein Kilo zugenommen« ist ebenso lustig wie falsch. Sicherlich gibt es unterschiedliche Körpertypen. Einige nehmen schneller zu als andere. Aber generell gilt, dass es ausschließlich auf die Menge ankommt. Wie viel jemand isst, hängt wiederum von seinem Denken ab. Wer bestimmt, wann jemand mit dem Essen aufhört? A) Das Schnitzel, die Pizza oder der Salat? B) Die Gabel oder der Löffel? C) Die Zunge? D) Der Kopf?

Sorry, aber keine der Antworten ist richtig. Es sind die Gedanken, die bestimmen, wann, wo, was, wie oft und wie viel jemand isst. Lebensmittel haben keine Chance, von allein in den Magen zu gelangen. Es ist auch nicht der Löffel, der das Essen selbstständig zum Mund führt. Die Zunge sagt einem nicht, ob etwas schmeckt; denn Geschmack wird gelernt. Jeder Kulturkreis hat seine eigenen Vorlieben, was die Auswahl und das »Schmecken« von Lebensmitteln betrifft. Der Kopf macht auch nichts, es sei denn, Sie verstehen darunter die Gedanken.

Lebensmittel verursachen weder Übergewicht noch Stress. Beides hängt von der inneren Einstellung ab. Wer das beherzigt, ist ebenso entspannt wie schlank.

PROBIEREN SIE DAS MAL

Welche Gedanken helfen Ihnen, a) schlank zu bleiben, b) ganz entspannt und lustvoll zu essen, c) sich auch zwischen den Mahlzeiten wohlzufühlen? Von Ihren Antworten hängt ab, was Sie wann in welchen Mengen essen, wie viel Sie wiegen und wie sehr Sie Ihr Essen genießen.

2. Problem: Krankmacher

Machen unsere Lebensmittel uns krank?, lautet die zweite Frage, die heute in Zusammenhang mit dem Essen ständig zu hören ist. Fast täglich berichten die Medien über Chemikalien, Mikroplastik und andere potenziell gefährliche Stoffe in Nahrungsmitteln.

Wie sehr Sie sich davon beunruhigen lassen oder wie gelassen Sie diese Frage sehen wollen, ist Ihre Entscheidung. Ich will dazu nur so viel sagen: Leben ist tödlich. Essen war schon immer gefährlich. Okay, ich gebe zu, dass ich Sie mit diesen Sätzen etwas provozieren will, aber überlegen Sie bitte einmal, dass einige der stärksten Gifte rein pflanzlich sind, wie zum Beispiel der Fliegenpilz. Mutter Natur ist voller Giftpflanzen.

An verdorbenen Lebensmitteln sind früher mehr Menschen gestorben als heute. Statt uns über diese positive Entwicklung zu freuen, haben wir jetzt Angst vor Konservierungsmitteln. Das ist ziemlich irrational.

Alkohol und Tabak sind Stoffe, die viele freiwillig zu sich nehmen, obwohl sie potenziell gefährlich sind. Verzicht auf Zigaretten und eine Reduzierung alkoholischer Getränke wäre für eine Menge Menschen vermutlich wichtiger, als sich Sorgen über synthetische Zusatzstoffe in Lebensmitteln zu machen.

Schließlich bleibt noch der Einkauf in Biomärkten. Dort kann man viele Substanzen vermeiden, die in industriell hergestellten Esswaren häufig enthalten sind.

3. Problem: Kaputtmacher

Ein weiteres Thema, mit dem sich mehr und mehr Menschen stressen, ist das Schlachten von Tieren. Macht unser Essen Tiere kaputt? Ja, zweifellos. Nur ungefähr vier Prozent aller Erwachsenen in Deutschland ernähren sich rein vegetarisch. Etwa 0,8 Prozent leben vegan. Die übrigen 96 Prozent verzehren Fleisch, Wurst, Fisch, Eier, Milch und Milchprodukte.

Zahlreiche Tiere essen andere Tiere. Menschen tun dies auch. Pflanzen sind ebenfalls Lebewesen, die sterben, weil wir sie essen wollen. Leider sind wir nicht wie diese in der Lage, nur von Licht, Luft und Wasser zu leben.

Es erfordert von den Vegetariern wie von den Fleischessern gegenseitig viel Toleranz, die jeweils andere Ernährungsweise zu respektieren. Ich weiß nicht, wo Sie in dieser Frage stehen. Eine hohe Wahrscheinlichkeit (siehe oben) spricht dafür, dass Sie in irgendeiner Form Tierprodukte essen. Wenn Sie gelassen bleiben wollen, haben Sie zwei Möglichkeiten: Entweder Sie hören damit auf oder Sie hören auf, sich deswegen ein schlechtes Gewissen zu machen. Als ich die beiden Katzen näher kennenlernte, die meine Frau mit in die Beziehung brachte, wurde mir jedenfalls klar, dass diese uns, ohne mit der Wimper zu zucken, fressen würden, wenn sie nicht so klein wären. Haustiger eben.

Übungsfeld Einkaufen

Ich darf noch einmal daran erinnern: Gelassenheit lernt man nur in herausfordernden Alltagssituationen. Das Einkaufen, besonders in Supermärkten, ist eine weitere hervorragende Gelegenheit, mehr Geduld zu entwickeln.

Bestimmt kennen Sie das: Sie stehen in der Warteschlange mit den ProblemkundInnen. Da ist die, die endlich mal ihr ganzes Kleingeld loswerden will. Oder der, bei dem aus irgendwelchen Gründen erst die dritte Kreditkarte funktioniert. Die Kassiererin lächelt tapfer, und auch Sie tun so, als hätten Sie größtes Verständnis. Oder die, die für ihre drei Artikel so lange braucht wie Sie für Ihren ganzen vollen Einkaufswagen. Und Sie dachten, Sie stehen in der Reihe, wo keiner viel im Korb hat und es schnell geht.

Atme ich noch? Diese Frage können Sie sich beim Warten in der Schlange als Erstes stellen.

Wo verkrampfe ich mich gerade? Welche Muskeln spanne ich unnötig an? Tipp: Checken Sie Ihr Gesicht, die Stirn, die Augenbrauen, die Lippen, die Zunge, den Kiefer! Zu lächeln brauchen Sie übrigens nicht.

Als Nächstes fragen Sie sich: Welche Gedanken gehen mir durch den Kopf? Sind Muss-Gedanken dabei? So etwas wie: An der Kasse muss es schnell gehen. Oder: Wer so langsam ist wie die, sollte vormittags einkaufen gehen.

Wie fühle ich mich, wenn ich so denke?

Wie könnte ich gelassen über das Warten in der Schlange denken?

Das Anstehen an der Kasse ist nicht die einzige Herausforderung beim Einkaufen. Vielleicht sind bestimmte Waren nicht vorrätig, die Sie benötigen. Oder Sie haben Ihren Einkaufszettel vergessen. Oder Sie stellen zu Hause fest, dass Sie trotz Ihres Einkaufszettels etwas nicht gekauft haben, das Sie dringend brauchen.

Was kann nicht alles schiefgehen? Sie reißen ein paar Flaschen Tomatensaft vom Aufsteller, der zu weit in den Gang ragt. KundInnen, die es noch eiliger zu haben scheinen als Sie, fahren Ihnen mit dem Einkaufswagen in die Hacken. Und dann das Geschrei der Kinder wegen der Quengelware.

Der Alltag ist gepflastert mit allen möglichen Problemen, die Sie aus dem inneren Gleichgewicht bringen können, wenn Sie nicht entschlossen dafür sorgen, gelassen zu bleiben.

So kann allein der Einkauf im Supermarkt zu einer emotionalen Achterbahn werden: die Sorge, ob Sie die Zutaten für das Abendessen bekommen, die Frustration, wenn tatsächlich etwas nicht vorhanden ist, die Wut auf das Personal, das nicht für ausreichenden Nachschub gesorgt hat, die Angst, zu spät zum nächsten Termin zu kommen, wenn es an der Kasse länger dauert, der Ärger über zu langsame KundInnen.

Wenn es tatsächlich die Situationen wären, die uns zu schaffen machen, hätten wir schlechte Karten. Ist es da nicht wunderbar, dass wir die Wahl haben, ob wir auf die Dinge des Alltags gelassen oder gestresst reagieren?

Der Weg nach Hause

Vielleicht hatten Sie am Morgen Glück, und die Bahn kam sofort bzw. auf der Autobahn war kein Stau. Nun hoffen Sie, dass auf dem Rückweg alles genauso gut klappt. Aber leider möchte das Universum, dass Sie Ihre Lektion in Sachen Gelassenheit heute noch lernen.

Grundsätzlich kommen vier Konstellationen auf Ihrem Arbeitsweg in Betracht:

1. freie Fahrt am Morgen und am Abend
2. freie Fahrt am Morgen, Stau am Abend
3. Stau am Morgen, freie Fahrt am Abend
4. morgens und abends Stau.

Ich kann mir ungefähr die Reihenfolge vorstellen, die Sie sich wünschen. Sie dürfte der entsprechen, die ich hier aufgeschrieben habe. Bei Punkt 2 und 3 bin ich mir nicht sicher, ob Ihnen die freie Fahrt morgens oder abends wichtiger ist.

Ist es nicht seltsam, dass wir uns ein problemloses Leben wünschen? Am liebsten hätten wir – im übertragenen Sinne – überall freie Fahrt. Was wir uns in den Kopf gesetzt haben, soll sich ohne Schwierigkeiten verwirklichen. Tauchen trotzdem welche auf, fangen wir an zu fluchen, zu jammern und zu verzagen.

Dabei lieben wir doch eigentlich Probleme. Bei Spielen sind sie das Salz in der Suppe. Hindernisse regen uns dazu an, unsere kreativen Kräfte zu sammeln. Wie kommt man beim Schach aus einer fast aussichtslosen Situation heraus? Im Sport das Gleiche: Fußball, Handball und Hockey wären ebenso wie alle anderen Mannschaftssportarten ohne GegnerInnen und KonkurrentInnen langweilig. Und wenn es keine Kontrahenten gibt, dann kämpfen wir eben gegen die Uhr oder bestehende Bestmarken. Sportliche Hürden spornen uns an, unsere physischen Kräfte zu mobilisieren.

Aber im richtigen Leben verhalten wir uns feige. Wir reagieren empört, wenn einer oder etwas sich uns in den Weg stellt. Scheinen uns die Herausforderungen riesig, möchten wir am liebsten im Bett bleiben.

Woran liegt das? Was unterscheidet ein 1000-Teile-Puzzle von Stausituationen auf den Straßen? Wieso kommt uns ein stundenlanges Tennismatch mit ständigen Pausen spannender vor?

Die Unterschiede sind geringer, als man auf den ersten Blick meint. Im Grunde ist alles eine Frage der Sichtweise. *Sobald man Herausforderungen spielerisch oder sportlich sieht, werden sie interessant.* Umgekehrt wirken Hindernisse auch im Spiel und im Sport bedrohlich, wenn man sie zu ernst nimmt.

Deshalb tut man gut daran, Verkehrshindernisse nicht zu dramatisieren. Manche laufen nach dem Bus oder der U-Bahn, als gelte es ihr Leben. Verkehrsstaus sind keine Katastrophe. Vieles im Leben ist mit Warten verbunden, egal ob an der Kasse im Supermarkt oder auf der Straße. Betrachten Sie solche Situationen spielerischer. In dem Maße, in dem Ihre Gelassenheit zunimmt, gewinnen Wartezeiten für Sie an Reiz.

Tatsächlich ist es so, dass uns die meisten Wünsche immer schneller erfüllt werden. Vergleichen Sie Ihr Leben einmal mit dem von Menschen vor 100 oder gar 300 Jahren. Diese Entwicklung hat durchaus auch Nachteile. Einer davon ist, dass wir immer weniger Gelassenheit lernen. Es gibt viele Länder und Kulturen, in denen die Kinder und Erwachsenen besser warten können als wir.

> Die Menschen stolpern nicht über Berge, sondern über Maulwurfshügel.
>
> *Konfuzius*

Sobald Sie zu Hause angekommen sind, beginnt Ihr Privatleben. Die Arbeit ist für heute geschafft. Jetzt kommt der gemütliche Teil des Tages. Aber

Vorsicht! Das Familienleben und die Freizeit bringen so ihre besonderen Herausforderungen mit sich. Hier gelassen zu bleiben ist auch nicht immer einfach.

4

Mit der Familie

Die Familie ist der Ort, wo wir uns das erhoffen, was wir sonst in der Welt selten finden: Verständnis, Erfüllung unserer Wünsche, bedingungslose Liebe, vorbehaltlose Unterstützung in allen Fragen.

Am Arbeitsplatz herrschen oft Konkurrenz und Leistungsdruck. Wir liefern ein Rollenverhalten ab und behalten unsere wahre Meinung für uns. So viel Fassade und Anstrengung möchten wir in der Familie nicht erleben. Wir möchten uns zeigen können, wie wir sind, ohne ständig kritisiert zu werden. Spaß, Humor und Leichtigkeit sollen den Familienalltag prägen.

Tatsächlich gelingt das vielfach. Die anderen Familienmitglieder freuen sich mit uns über unsere Erfolge, unsere Entwicklung und unsere bloße Existenz. Genauso zeigen sie Mitgefühl, wenn uns etwas misslungen ist, wenn wir enttäuscht, sauer oder besorgt sind.

Auf der anderen Seite ist die Familie nicht immer zur Stelle, wenn wir sie brauchen. Auch hier gibt es Konkurrenz, Unverständnis, Kritik, Rollenverhalten und Leistungsdruck. Diese und viele andere unerfreuliche Vorkommnisse fordern uns heraus. Gelassenheit hilft einem da sehr weiter. Manchmal erwarten wir von unseren Liebsten zu viel. Sie sind auch nur Menschen und haben selbst Probleme und schlechte Tage.

Miteinander sprechen

Konflikte, Streit und Enttäuschungen sind in allen Beziehungen normal. Sie bedeuten nicht automatisch, dass etwas grundsätzlich nicht stimmt.
Menschen haben unterschiedliche Meinungen, Erfahrungen und Sichtweisen. Jeder lebt in seiner eigenen Welt. Deshalb ist nicht erstaunlich, wenn es zu Konflikten kommt. Das Erstaunliche ist eher, dass so viel Verständigung, Toleranz und Liebe möglich ist.

Ein wichtiges Mittel dabei ist die Sprache. Worte können verletzen, aber auch heilen. Stopp! An diesem Punkt gilt es aufzupassen. Können Worte wirklich verletzen? Die psychische Welt unterscheidet sich grundlegend von der physischen. Während ein Tritt gegen das Schienbein in jedem Fall weh-tut, ist das bei Worten anders. Es kommt darauf an, wie wir sie auffassen und ob wir sie glauben oder nicht.

Können Worte heilen? Auch das hängt davon ab, ob sie jemand annimmt und sich zu eigen macht.

Trotz der Möglichkeit von Missverständnissen und Lügen ist die Sprache geeignet, zu informieren und an den Erfahrungen anderer teilzuhaben. Konflikte und Meinungsverschiedenheiten lassen sich mit den richtigen Worten ausräumen oder abmildern.

PROBIEREN SIE DAS MAL

Machen Sie sich klar, dass Streit und Konflikte in den besten Familien vorkommen und völlig normal sind. Vielleicht wäre es besser, wenn wir die ganze Zeit harmonisch zusammenleben könnten, aber es geht auch so.

Hören Sie gut zu, besonders wenn Sie streiten, und sagen Sie Ihre Meinung. Das geht am besten so:

Zuerst lassen Sie die anderen ausreden und hören wirklich zu, das heißt, Sie versuchen zu verstehen, was die anderen sagen. Unterbrechen Sie nicht.

Danach sind Sie dran. Sagen Sie, was Sie meinen. Fordern Sie die anderen auf, Ihnen gut zuzuhören. Lassen Sie sich nicht unterbrechen.

Wechseln Sie Sprechen und Zuhören so lange ab, bis jeder den anderen verstanden hat.

Merken Sie, wie viel das mit Gelassenheit zu tun hat? Ausreden lassen – jeden.

(Mehr darüber finden Sie in dem Buch *Gelassenheit in der Liebe,* siehe die Literaturhinweise am Ende dieses Buches.)

....

Probleme lösen

Schon wieder? Hatten wir das nicht bereits bei der Arbeit? Stimmt, alles Leben ist Problemlösen – beruflich wie privat. Es wäre schön, wenn die Probleme enden würden, sobald wir die Arbeit beiseitelegen. Aber so einfach geht es leider nicht. *Auch im Privatleben rühren die emotionalen Probleme daher, dass wir denken, alles müsste so sein, wie wir es verlangen. Wünsche sind harmlos. Aber wir neigen dazu, absolute Forderungen daraus zu machen:* »Ich kann nur glücklich sein, wenn …«, »Ich kann mich erst entspannen, wenn …« Allzu leicht reden wir uns ein, unsere Bedingungen MÜSSTEN unbedingt erfüllt werden. Der Weg zu einem stressigen Leben ist – wie wir bereits in Kapitel 3 gesehen haben – mit vielen MUSS-Sätzen gepflastert.

Hören Sie auf damit und Sie bekommen Ihre Ruhe zurück. Verwandeln Sie die absoluten Forderungen wieder in einfache Wünsche: »Ich fände es prima, wenn …, aber falls es nicht passiert, kann ich auch so glücklich sein.«

Während wir im Beruf oft darauf bestehen, erfolgreich sein zu MÜSSEN, glauben wir im Privatleben, immer und bei allen beliebt sein zu MÜSSEN. Damit machen wir uns eine Menge Druck. Sicher ist es schön, wenn andere einen mögen, aber unbedingt erforderlich ist es nicht, schon gar nicht rund um die Uhr. Diese Haltung stammt noch aus unseren Babytagen, als wir auf die Liebe unserer Eltern unbedingt angewiesen waren. Aber die Zeiten haben sich geändert. Wir sind erwachsen und kommen allein zurecht. Inzwischen ist es wichtiger zu lieben, als geliebt zu werden.

Unsere Gefühle hängen von unseren Gedanken ab. *Es gibt Stressgedanken und entspannte Gedanken. Den Unterschied können Sie deutlich fühlen.* Beispiel: Ich muss geliebt werden. Oder aber: Es ist angenehm, geliebt zu werden, doch wenn es nicht passiert, ist das auch okay.

Mithilfe gelassenen Denkens können Sie alle emotionalen Probleme lösen. Jedenfalls Ihre eigenen. Es ist jedoch unmöglich, für andere zu denken.

Ihre Liebsten haben aber ebenso wie Sie die Möglichkeit, sich entspannte Gedanken zu machen.

Bleiben noch die praktischen Probleme. Soweit die anderen einen Anteil daran haben, lässt sich darüber verhandeln. Sagen Sie, was Sie sich wünschen, und hören den anderen zu, was deren Bedürfnisse sind. Das geht erstaunlich leicht, wenn Sie dabei entspannt bleiben.

Gelassen bleiben in der Partnerschaft

Zu zweit ist man nicht nur weniger allein, sondern nicht selten auch öfter gestresst. Zwar braucht man niemanden, um emotional unausgeglichen zu sein. Doch mit einem Partner hat man eine doppelte Chance auf Stress.

Und das geht beispielsweise so: Sie kommen nach Hause. Es ist Ihnen tatsächlich gelungen, den ganzen Tag gelassen zu bleiben. Anders Ihre Partnerin. Sie ist total genervt, weil so viel gegen ihren Willen läuft. Wenn Sie jetzt nicht aufpassen, teilen Sie sehr schnell die negative Gefühlswelt des anderen.

Wie kommt das? Das Phänomen ist seit Langem bekannt. Man weiß, dass Panik sich in einer Menschenmenge blitzartig ausbreiten kann. Genauso leicht erfassen Wut oder Begeisterung eine ganze Gruppe. Erst seit Kurzem erklären Hirnforscher das mit speziellen dafür vorgesehenen Zellen, den Spiegelneuronen.

Sensible Menschen haben schon immer gespürt, dass Menschen, Tiere, Pflanzen oder sogar Räume eine besondere Ausstrahlung haben. Man spricht in diesem Zusammenhang auch von Schwingungsebenen.

Andererseits haben wir die Möglichkeit, autonom zu sein. Wir müssen die Gedanken, Gefühle und Verhaltensweisen unserer Mitmenschen nicht übernehmen, sondern können uns bewusst davon distanzieren. Voraussetzung dafür ist, dass wir achtsam sind. Dann können wir uns entweder für Mitgefühl entscheiden oder innerlich ungerührt bleiben.

Durch die Spiegelneuronen auf der einen und die emotionale Autonomie auf der anderen Seite ergeben sich vier Möglichkeiten in Ihrer Partnerschaft:

1. Sie sind beide gestresst.

2. Ihre PartnerIn ist gestresst, Sie nicht.

3. Sie sind gestresst, Ihre PartnerIn nicht.

4. Sie bleiben beide gelassen.

Besonders interessant wird es bei der zweiten und dritten Alternative: Wer zieht wen auf seine emotionale Ebene?

Grundsätzlich gleichen sich Schwingungsebenen entweder an oder sie stoßen sich ab.

Wenn Sie gelassen sind und es auch bleiben, wird auch Ihre PartnerIn sich relativ schnell entspannen. Die Spiegelneuronen tun ihr Werk. Beharrt Ihre PartnerIn jedoch auf ihrer emotionalen Unabhängigkeit, wird einer von ihnen vermutlich bald den Raum verlassen.

Umgekehrt kann das Gleiche passieren. Sie übernehmen die stressige Sichtweise und die aufgewühlte Gefühlswelt Ihrer PartnerIn und verlieren so Ihr inneres Gleichgewicht.

Sollte Ihre PartnerIn also gestresst sein, können Sie Folgendes tun, um selbst gelassen zu bleiben:

- Erinnern Sie sich an Ihren Vorsatz vom Morgen: Heute bleibe ich gelassen.
- Achten Sie auf Ihren Atem und entspannen Sie Ihre Muskeln, so gut Sie können. Sie werden dabei gegen die Tendenz arbeiten müssen, sich in der gleichen Weise wie Ihre PartnerIn zu verkrampfen.
- Machen Sie sich die Probleme der anderen Person nicht zu eigen. Hören Sie gut zu und zeigen Sie Verständnis, aber bleiben Sie bei Ihren eigenen Gefühlen. Es macht keinen Sinn, den Stress des anderen zu übernehmen.

- Machen Sie sich klar, dass Sie für Ihre Emotionen und Ihr Gegenüber für die seinen verantwortlich ist. Oft werfen Menschen ihren Liebsten vor, schuld an ihrem Unglück zu sein, oder sie verlangen, dass der andere sie glücklich macht. So funktioniert keine Partnerschaft. Diese Einstellung resultiert, wie wir gleich sehen werden, aus der Kindheit, ist aber für Erwachsene unangemessen.
- Nehmen Sie eine Ja-Haltung ein: Ja, Ihre PartnerIn hat Stress. Ja, Sie spüren dies. Ja, das ist in Ordnung. Ja, Sie bleiben gelassen. Stress hat damit zu tun, dass man sich innerlich gegen etwas wehrt. Widerstand ist anstrengend. Loslassen entspannt. Nein sagen bedeutet Widerstand, Ja sagen heißt Loslassen.

Stressfreier Umgang mit Kindern

Für einen gelassenen Umgang mit Kindern ist es gut, sich ein paar Grundtatsachen bewusst zu machen. Babys leben in einer magischen Welt. Wie durch Zauberei erfüllen sich ihre Wünsche. Sie brauchen nur zu schreien, und oft nicht einmal das, und schon eilen Menschen (meist ihre Eltern) herbei, um für ihr leibliches und seelisches Wohl zu sorgen. Diese Erfahrung setzt sich in uns fest. Wenn wir uns unwohl fühlen bzw. unsere Bedürfnisse (oder das, was wir dafür halten) unbefriedigt bleiben, ist unser erster Impuls immer noch das Jammern und Schreien. So wie wir die Welt in der Kindheit erfahren haben, meinen wir weiterhin, dass andere uns glücklich oder unglücklich machen können.

Dass wir für die Erfüllung unserer Wünsche inzwischen selbst zuständig sind, wollen wir nicht so ganz wahrhaben. Auch die Macht unserer Gedanken ist uns häufig bis heute verborgen geblieben. Von unseren Wahrnehmungen, Interpretationen und Bewertungen hängt ab, wie wir fühlen und handeln. Unser Tun wiederum hat einen großen Einfluss auf die Umstände, in denen wir leben.

Es ist bequemer (aber auch infantil), sich als Opfer der anderen, ja der Welt insgesamt zu sehen.

Ich weiß nicht, wie erwachsen Sie sind. Mit den Lebensjahren hat das Erwachsenwerden jedenfalls wenig zu tun. Ich selbst habe lange gebraucht, die Verantwortung für meine Gefühle und mein Handeln zu übernehmen. Die magische Sicht der Welt war einfach zu verlockend.

Wenn es um die Erfüllung ihrer Grundbedürfnisse geht, müssen Babys schreien und sich bemerkbar machen. Andere Mittel haben sie am Anfang ihres Lebens nicht. Nehmen Sie es Ihrem Nachwuchs also bitte nicht übel, dass er seine lebensnotwendigen Wünsche so eindringlich äußert. Das ist in dem Alter normal. Je erwachsener die Kinder jedoch werden, desto mehr werden sie zu Nervensägen, wenn sie nicht für sich selbst sorgen. Wer sich als Erwachsener noch ständig bedienen lassen will, bekommt früher oder später Probleme mit seiner Umgebung.

Eltern sind im Grunde genommen die Überbringer einer schlechten Botschaft: Es ist wichtig, dass du lernst, allein für dich zu sorgen. Im Einzelnen heißt das: »Räum dein Zimmer auf. Mach dir selbst etwas zu essen. Verdien dein Geld allein.« – Autsch! Damit sind die Konflikte vorprogrammiert. Wenn Ihnen das klar ist, sehen Sie das Verhältnis zu Ihren Kindern hoffentlich etwas entspannter. Ihre Kinder müssen da durch. Erwachsen werden ist schwer.

1. Übernehmen Sie die Verantwortung für Ihre Gefühle. Geben Sie Ihrem Nachwuchs nicht die Schuld daran, wie Sie sich fühlen!

Sie haben einen Altersvorsprung gegenüber Ihren Kindern und können daher Zusammenhänge begreifen, die für Ihre Kleinen noch zu schwierig sind, zum Beispiel diese:

Ihre Kinder können Sie nicht wütend machen. Ihre Liebsten können Sie nicht enttäuschen. Sie können Ihnen auch keine Sorgen bereiten. So spricht man normalerweise, aber es ist trotzdem falsch. Sie machen sich alle Ihre Gefühle selbst, und zwar durch Ihre Gedanken.

Gerade an Kinder werden oft jede Menge MUSS-Forderungen gestellt: Hannah MUSS machen, was ich ihr sage. Leon DARF mir NICHT dauernd widersprechen. Leonie und Lukas SOLLTEN netter zu mir sein.

Je weniger MUSS-Forderungen Sie erheben, desto seltener, kürzer und geringer wird der Stress mit Ihren Kindern.

2. Ach ja, und denken Sie an die Spiegelneuronen. Je entspannter und ausgeglichener Sie sind, desto mehr sind es auch Ihre Kinder. Eine gelassene Einstellung wirkt beruhigend und ist auf Dauer einfach unwiderstehlich.

Großfamilie:
So bleiben Sie locker

Ungefähr jede fünfte Frau und jeder vierte Mann bleibt kinderlos. Ohne Partner leben zurzeit ungefähr 41 Prozent der Erwachsenen hierzulande, Tendenz steigend.

Doch jeder hat eine Familie. Jeder war mal Kind und hat daher Eltern und Großeltern, vielleicht auch Geschwister, Tanten, Onkel, Nichten, Neffen, Cousins und Cousinen. Einige haben Adoptiv- oder Pflegeeltern.

Vergessen Sie nicht: Alle zusammen sind wir die Menschheitsfamilie. Es gibt das gemeinsame »Haus Europa« und noch ein paar weitere. Die Welt wird mehr und mehr ein großes Dorf mit ein paar »Häusern«, ein paar Seen, einigen Wäldern. Darüber breitet sich ein weiter Himmel mit vielen Sternen.

Leider fühlen sich die meisten noch nicht als Teil einer großen Familie. Viele denken immer noch ausschließlich in Kategorien wie »meine« Familie und »mein« Land. Aber die gegenseitigen »Besuche« nehmen zu, freiwillig durch Tourismus und unfreiwillig durch Flucht.

Und dann passiert, was in Familien immer wieder passiert: Es gibt Streit, Meinungsverschiedenheiten und Konflikte.

Deshalb ist es so wichtig, sich kennen- und schätzen zu lernen. *Kooperation ist stets wichtiger als Konkurrenz. Konkurrenz ist die Stressvariante, Kooperation das entspannte Zusammenleben.*

»Intoleranz ist vermutlich nicht die Basis zur Gründung einer Gemeinschaft«, hatte ein Mitschüler von mir in sein Pult geritzt. Nicht schlecht für einen 15-Jährigen!

Wenden wir den Satz ins Positive, dann haben wir das Rezept für ein angenehmes Miteinander: Toleranz ist die Grundlage jeder Gemeinschaft, egal ob es sich dabei um Paare, Kleinfamilien, Großfamilien oder die Menschheitsfamilie handelt. Sogar wenn Sie nur mit sich selbst gut zurechtkommen wollen, brauchen Sie Toleranz wie das tägliche Brot. Anderenfalls kämpfen Sie gegen bestimmte Anteile Ihrer Persönlichkeit und weigern sich, diese zu akzeptieren. Harmonie sieht anders aus. Das Konzept der Teilpersönlichkeiten hat sich in der Psychologie inzwischen durchgesetzt. Es besagt, dass wir keine einheitlichen Wesen sind, sondern eine Ansammlung gegensätzlicher Charaktere. Bestimmt haben Sie schon Bekanntschaft mit Ihrem inneren Kritiker gemacht. Vielleicht kennen

Sie auch schon Ihre innere Freundin. In uns leben Kritiker, Antreiber, weise Männer und Frauen, das innere Kind und andere auf engstem Raum zusammen. Da wir einen Teil dieser Phänomene nicht mögen, sie aber auch nicht loswerden, bleibt wieder mal nur Gelassenheit. Mit ihrer Hilfe können wir mit allem und jedem friedlich koexistieren. Dabei fällt mir eine Frage ein: Wissen Sie, welcher Baum die erfolgreichste Art auf der Welt ist? Die Fichte! Und warum? Sie kommt mit allen anderen Pflanzen am besten aus. Ihre »Gelassenheit« macht sie für die anderen Bäume zu einem angenehmen Partner. Sie eignet sich damit als Vorbild für Familien aller Art.

5

In der freien Zeit

Unser Leben besteht nicht nur aus Arbeit und Pflichten, sondern auch aus Freizeit und Freiheit. Doch nicht immer fällt es uns leicht, diese Freiheit zu nutzen. Anderenfalls wäre der Begriff Freizeitstress nie erfunden worden. Gelassenheit stellt sich auch in diesen Zeiten nicht automatisch ein, sondern nur dann, wenn es gelingt, hilfreiche Denkweisen und Verhaltensmuster zu entwickeln.

Zeit für sich

Ab und zu haben wir alle das Bedürfnis, allein zu sein. So befriedigend die Arbeit und so schön das Miteinander sein können: Irgendwann möchte sich unsere Seele erholen. Im Lärm des Alltags können wir sie häufig weder hören noch spüren. Deshalb benötigen wir Auszeiten, in denen wir zur Ruhe kommen.

Erstaunlicherweise brauchen wir nichts zu tun, um wieder ins Gleichgewicht zu kommen. Unser System ist selbstregulierend. Voraussetzung ist nur, dass wir ihm Gelegenheit geben, die natürliche Harmonie wiederzufinden. Ein altes Sprichwort sagt: Müßiggang und Ruh' schließen dem Arzt die Türe zu. Sind deshalb so viele Krankheiten epidemisch geworden, weil immer mehr Menschen die Entschleunigung fehlt?

Aber leider stoßen wir auch bei der Suche nach Freizeit und Muße auf Herausforderungen. Nicht selten opfern wir die heilsamen Ruhepausen, wenn unser Terminkalender überquillt. Das Gegenteil wäre richtig!

> Und dann muss man ja auch noch Zeit haben, einfach dazusitzen und vor sich hin zu schauen.
>
> *Astrid Lindgren*

Nur mit kühlem Kopf erkennen wir, was wirklich wichtig ist und was nicht. Ein gestresster Mensch verliert den Überblick und hält alles für dringend.

Stellen Sie sich vor, Sie wären so krank, dass Sie nur noch das unbedingt Nötigste tun können. Was bliebe übrig? Wofür würden Sie sich dann ausschließlich Zeit nehmen? Ich kannte eine Frau, die sich wünschte, einen schweren Unfall zu haben, um endlich aus ihrer Tretmühle herauszukommen. Lassen Sie es nicht so weit kommen.

Finden Sie einen Weg, zu allem Nein zu sagen, was Ihre Energie und Lebensfreude untergräbt.

Tatsächlich ändern manche Menschen ihr Leben unter dem Eindruck einer tödlichen Krankheit komplett und werden auf diese Weise wieder gesund.

Eigentlich braucht niemand zu warten, bis ein solcher Fall eintritt. Eine Frau, von der ich hörte, nimmt sich vor jeder Grippewelle ein paar Tage frei und tut so, als sei sie erkrankt. Sie legt sich ins Bett, trinkt Tee, schläft viel und lässt die Seele baumeln. Seitdem ist sie von jeder Grippe verschont geblieben.

Freunde treffen

Toleranz ist und bleibt das Hauptthema beim Zusammenleben. Man kann es gar nicht oft genug sagen. Meist sucht man sich seine FreundInnen danach aus, dass sie ähnliche Ansichten und Interessen haben. Warum? Könnte man nicht auch Menschen wählen, die ganz anders sind? Nein; denn wenn sie wirklich ganz anders wären, käme man kaum mit ihnen in Kontakt.

Nehmen wir an, Ihr Leben spiele sich wie das der meisten Menschen am Tag ab. Jemand, der völlig anders lebt, steht erst gegen 16 Uhr auf, frühstückt und wird ab 23 Uhr richtig munter, zu einer Zeit also, da Sie ins Bett gehen. Sie werden sich kaum je begegnen und wenn, dann scheitert eine intensive Beziehung an Ihren unterschiedlichen Rhythmen.

Oder Sie finden es im Sitzen, am liebsten in großen, bequemen Ledersesseln, am gemütlichsten. Jemand anderes ist dagegen ständig in Bewegung, treibt Sport, pflanzt im Garten und steht in der Küche, weil Kochen sein liebstes Hobby ist. Sie werden Mühe haben, mit dieser Person auf einen Nenner zu kommen. Ebenso verhält es sich, wenn Sie es lieben, stundenlange Gespräche zu führen, der andere aber ein großer Schweiger ist. Wie soll sich auf diese Weise eine innige Freundschaft entwickeln?

Dass Gegensätze sich anziehen, ist ein Mythos. Gemeinsamkeiten in den wesentlichen Fragen sind die Grundbedingung dafür, Zeit miteinander zu verbringen und sich füreinander zu interessieren. Diejenigen, die ganz anders sind als Sie, sind dieselben, die täglich an Ihnen vorbeigehen, ohne dass Sie sie auch nur beachten. Sie sind für Sie nicht existent.

Doch selbst wenn viel Übereinstimmung mit anderen besteht, ist immer noch Toleranz gefragt. Auch FreundInnen denken, sagen und tun gelegentlich Dinge, die Ihnen nicht passen. Wenn daraus keine Stressquelle werden soll, bleibt Ihnen nur Gelassenheit. Freuen Sie sich über die zahlreichen Gemeinsamkeiten, die schönen Erfahrungen, die Sie zusammen gemacht haben, und sagen Sie Ja zu den Punkten, in denen Sie nicht übereinstimmen.

Versuchen Sie bloß nicht, Ihre FreundInnen zu ändern. Wenn Sie jemanden ändern wollen, dann immer sich selbst. Das ist schon schwer genug.

Wählen Sie sich Menschen zu FreundInnen, die Sie so mögen, dass Sie deren Macken, Eigenarten und komische Angewohnheiten leicht tolerieren können.

Dieser Punkt wurde mir völlig klar, als meine Frau zwei Katzen mit in die Beziehung brachte. Mir gefallen diese Samtpfötchen, aber nicht so sehr, dass ich mir von ihnen gerne das Sofa zerfetzen und regelmäßig auf den Teppich kotzen lassen mag. Ganz anders meine Frau. Sie findet Katzen so toll, dass Sie deren Eigenarten großzügig übersieht. Und jetzt raten Sie mal, warum ich trotzdem fast

15 Jahre lang mit den kleinen Tigern zusammengelebt habe.

Interessen pflegen

Die Zeichen stehen günstig, wenn man das tun kann, was man liebt. Stress ist dann eigentlich kein Thema. Eigentlich; denn es passieren immer Dinge, die einem den Spaß verderben können. (Aufgepasst: Dinge können einem nicht den Spaß verderben. Vom Denken hängt ab, wie wir fühlen und handeln! Ein weiteres Beispiel dafür, wie leicht wir die Verantwortung von uns weisen und uns als Opfer der Umstände sehen.)

> Ich freue mich, wenn es regnet,
> denn wenn ich mich nicht freue,
> regnet es auch.
>
> *Karl Valentin*

Was kann in der Freizeit schiefgehen?
Stellen Sie sich vor, Sie freuen sich seit Monaten auf ein Live-Konzert Ihrer LieblingsmusikerIn. Zwei Tage vor dem Termin wird die Veranstaltung

ersatzlos gestrichen. Was für eine Enttäuschung! Erwarten Sie nicht von sich, dass Sie über die Absage jubeln müssten. Es ist normal, enttäuscht zu sein, wenn ein Ereignis, auf das man sich so gefreut hat, ausfällt. Andererseits ist es kein Grund, lange mit seinem Schicksal zu hadern.

PROBIEREN SIE DAS MAL

Was sagen Sie sich, wenn Sie durch äußere Umstände daran gehindert werden, Ihre freie Zeit so zu verbringen, wie Sie das geplant haben?

- Welche Gedanken machen Sie besonders ärgerlich und enttäuscht?
  Viele denken dann so etwas wie: »Warum muss das immer mir passieren?«, »Ich hatte mich so darauf gefreut!«, »Wie kann das sein?«, »Es ist unendlich schade«.
- Welche Überlegungen helfen Ihnen, darüber hinwegzukommen?
  Gedanken wie diese erleichtern die Verarbeitung von Enttäuschungen: »Ich hole das nach«, »Pech!«, »Es ist, wie es ist«, »Ich kann es nicht ändern«, »Okay, wenn das nicht geht, was würde mir genauso viel oder sogar noch mehr Spaß machen?«.

Auch wenn es vorkommt, dass die eigenen Erwartungen enttäuscht werden, ist es wichtig, Ereignisse zu planen, auf die man sich freut. Es kann immer passieren, dass einem ein Buch, ein Konzert, ein Film, eine Kunstausstellung, eine Ballettaufführung nicht gefällt. So etwas ist leicht zu verschmerzen, es sei denn, man macht aus einer Mücke einen Elefanten. Diese Denkweise, bei der man Sachverhalte schlimmer macht, als sie sind, ist jedoch sehr verbreitet. Deshalb ist es gut, auf dem Teppich zu bleiben und nicht zu dramatisieren.

PROBIEREN SIE DAS MAL

Was wäre das Schlimmste, was in Ihrem Leben passieren könnte? Messen Sie die Geschehnisse Ihres Alltags daran. Mithilfe dieser Überlegung können Sie sämtliche Katastrophen, die in Wirklichkeit keine sind, auf Normalmaß schrumpfen.

Im Prinzip gibt es keine Zeit des Tages, die von sich aus frei von Stress wäre. Das liegt daran, dass es entscheidend auf die innere Einstellung ankommt und nicht auf das äußere Geschehen. Eine Ärztin, die ich gecoacht habe, sagte mir einmal, ihre ruhigste Zeit sei die, in der sie operiert: Der Patient ist in Narkose, die Handgriffe sind Routine und die Konzentration sorgt dafür, dass alle Gedanken eine Weile schweigen. Vielleicht ist das der Grund, warum nicht wenige Menschen bei der Arbeit zufriedener sind als in ihrer freien Zeit.

6

Der Tag geht zu Ende

Feierabend, dieses schöne Wort scheint fast ausgestorben zu sein und noch mehr die Haltung, die dahintersteht. Dabei gibt es jeden Abend etwas zu feiern: Wir haben »den Kampf gegen den Alltag wieder gewonnen« (wie es die Schauspielerin Katharine Hepburn empfand), eine Menge gemacht, getan, gelassen (!) und gelernt. Jetzt ist es Zeit, einen Gang herunterzuschalten.

Abendessen mit Genuss statt Verdruss

Traditionell ist dies die dritte Mahlzeit des Tages. Es spielt jedoch keine Rolle, ob Sie eine, drei oder fünf Mahlzeiten am Tag essen. Hauptsache, Sie haben keinen Stress dabei; denn leider ranken sich rund um das Essen zahlreiche mögliche Stressquellen: keine Zeit zum Essen oder so wenig, dass die Speisen in wenigen Minuten hinuntergeschlungen werden, während man nebenbei noch etwas anderes erledigt (siehe Frühstück). Die ständige Sorge vor zu viel Kalorien, die Angst, bestimmte Lebensmittel könnten Krebs oder andere Krankheiten auslösen oder langfristig zu Vergiftungen führen, und das schlechte Gewissen, Tiere und Pflanzen zu verspeisen (siehe Mittagessen).

Besonders beim Abendessen zeigt sich oft ein weiteres Problem. Es lässt sich in dem Satz zusammenfassen: Ich gönne mir ja sonst nichts. Insbesondere nach einem anstrengenden, frustrierenden Arbeitstag neigen viele Menschen dazu, sich mit diversen Lieblingsspeisen zu »entschädigen«. Das ist jedoch nicht der Sinn des Essens, sondern häufig die Hauptursache von Übergewicht. In diesem Zusammenhang wird oft von Frust- oder Stressessern gesprochen.

Sie wissen inzwischen, dass Stress weder direkt aus Situationen resultiert noch zwangsläufig bestimmte Verhaltensweisen auslöst. Stets spielt das Denken die führende Rolle. Ob Ereignisse als stressig wahrgenommen werden, hängt von den Gedanken ab (»Ich halte das nicht mehr aus«, »Meine Arbeit/Meine PartnerIn ist unerträglich«, »Was sich hier abspielt, ist eine absolute Katastrophe«). Wie man nach einer negativen Bewertung eines

Geschehens reagiert, bestimmt man ebenfalls mittels seines Denkens (»Jetzt muss ich erst mal was essen«, »Essen beruhigt mich und tut mir gut« oder aber »Ich werde mein Leben so verändern, dass ich nicht mehr ständig überfordert bin«, »Ich brauche eine andere Einstellung zu meiner Arbeit/ meinem Partner«).

Würde Stress dick machen, wie einige behaupten, müssten alle Menschen, die sich überfordert fühlen, zunehmen. Das ist jedoch keineswegs der Fall. Manche nehmen unter Stress ab. Andere bleiben schlank.

Jedenfalls ist es keine gute Idee, Essen als Ersatz für andere Freuden zu wählen. Wer sich permanent von seiner Arbeit überfordert fühlt, fährt besser damit, sich einen neuen Beruf oder einen anderen Arbeitsplatz zu suchen. Falls die Partnerschaft eine ständige Quelle von Frustration, Ärger oder Sorgen ist, ist beispielsweise eine Paartherapie oder eine Trennung die bessere Lösung.

Tatsächlich benutzen viele Menschen heutzutage das Essen und Trinken, um ihre Gefühle zu regulieren. Erstens lenkt es ab, und zweitens macht es träge und müde, besonders am Abend. Daher wird es als erholsam und entspannend empfunden. Der Preis in Form von Übergewicht oder Abhängigkeit von Alkohol ist allerdings zu hoch.

Essen dient dazu, den Hunger zu stillen. Es kann eine unter vielen Möglichkeiten sein, das Leben zu genießen. Es macht Spaß, sich mit leckeren, gesunden Speisen satt zu essen. Sich jedoch über sein Sättigungsgefühl hinwegzusetzen und den ganzen Abend weiter zu essen und zu trinken, fügt dem ursprünglichen Stress, der damit bekämpft werden soll, ein zweites Problem hinzu.

Egal ob Sie abends allein, mit der PartnerIn, mit der Familie oder mit FreundInnen essen, suchen Sie sich etwas aus, das Sie gerne verspeisen, nehmen Sie sich viel Zeit dafür und hören Sie auf, sobald Sie merken, dass Sie satt sind. Widmen Sie sich für den Rest des Abends den Gesprächen, Ihren Interessen oder Dingen, die Ihren Körper und Ihren Geist tief und angenehm entspannen. Auch das zeitige Zubettgehen käme infrage. Nicht wenige Menschen leiden unter Schlafmangel. Indem Sie sich genügend Schlaf gönnen, sorgen Sie dafür, dass Sie am nächsten Morgen ohne Wecker erholt aufwachen.

Rückschau auf den Tag

Bevor Sie zu müde sind und Ihnen die Augen zufallen, schauen Sie auf den heutigen Tag zurück.

Am Morgen haben Sie bereits eine Vorschau auf den Tag gehalten. Sie sind die wichtigsten Stationen der kommenden Stunden durchgegangen, insbesondere um schwierige Situationen vorwegzunehmen und sich einen Plan zurechtzulegen, sie gelassen zu meistern.

Wie ist Ihr Tag nun gelaufen? Sind die erwarteten oder befürchteten Schwierigkeiten eingetreten oder haben Sie sich grundlos Sorgen gemacht? Waren Ihre Lösungen effektiv? Ist es Ihnen gelungen, stets oder jedenfalls überwiegend gelassen zu bleiben?

Gehen Sie Ihren Tag vom Aufwachen bis zu dem Moment, wo Sie Rückschau halten, in groben Zügen durch. Das Ganze braucht nicht mehr als ein paar Minuten zu dauern.

Fällt es Ihnen leicht oder schwer, sich an die vergangenen Stunden zu erinnern? Gibt es womöglich gar Erinnerungslücken? Diese können ein Zeichen dafür sein, dass Sie grundsätzlich zu unbewusst leben. In diesem Fall wäre es hilfreich, bereits mittags und nachmittags die Zeitabschnitte davor kurz zu rekapitulieren. Vielleicht gönnen Sie sich zu wenig Pausen, sodass ein Ereignis das nächste jagt und in Ihrer Erinnerung löscht. Oder Ihr Tag ist so gleichförmig verlaufen, dass sich wenig daraus hervorhebt.

Machen Sie die Rückschau ganz gelassen. Es geht nicht darum, sich zu kritisieren. Die Vergangenheit, und dazu gehört nun dieser Tag, war so, wie sie war. Sie können sie nicht mehr ändern. Aber sie können die Zukunft so gestalten, wie Sie möchten. Schon der morgige Tag kann der Beginn von etwas Neuem, Besserem sein. Dafür brauchen Sie die Informationen von heute.

Falls Sie zu viel Einerlei feststellen, bringen Sie mehr Leben in Ihr Leben. Unternehmen Sie etwas. Was macht Ihnen Spaß? Gönnen Sie sich diese Freuden! Probieren Sie Neues aus!

Fällt Ihnen auf, dass Ihnen Ziele und eine Struktur fehlen? Kein Problem! Setzen Sie sich attraktive Ziele. Geben Sie Ihren Tagen eine erfreuliche Struktur. Sie haben die Möglichkeit, Ihr Leben ganz bewusst zu gestalten. Die Zukunft kann die beste Zeit Ihres Lebens werden.

Die Rückschau kann zusammen mit der Vorschau ein wichtiges Mittel sein, in kleinen Schritten kontinuierliche Verbesserungen in Ihr Dasein einzuführen und Ihren Stress zunehmend durch Gelassenheit zu ersetzen.

Gut gemacht!

Bei der Rückschau kommt es besonders darauf an, alles hervorzuheben, was Sie richtig gemacht haben. Lob und Anerkennung motivieren stark. So sehr, dass wir als Kinder danach streben, unsere Eltern und LehrerInnen mit allen möglichen Erfolgen zu begeistern. Mit der Zeit werden wir so süchtig danach, dass wir nur noch das tun, was von anderen beachtet wird.

Nun ist es leider so, dass sich vermutlich niemand groß dafür interessiert, ob Sie gelassen geblieben sind und auf diese Weise einen angenehmen, stressfreien Tag hatten. Deshalb ist es umso wichtiger, dass Sie selbst den Part Ihrer BewunderIn übernehmen. Erlauben Sie sich, sich ausgiebig dafür zu loben, dass es Ihnen gelungen ist, in Situationen die Ruhe zu bewahren, in denen Sie früher sofort an die Decke gegangen wären.

Das ist ein toller Erfolg, der gar nicht hoch genug eingeschätzt werden kann. Sagen Sie sich das, was Sie von einer TrainerIn gerne hören würden, so etwas wie »Gut gemacht«, »Klasse, das war schwierig, aber ich habe es geschafft«, »Weiter so«. So spornen Sie sich an, morgen ebenfalls wieder so gelassen wie möglich zu bleiben.

Sich selbst zu loben ist nicht selbstverständlich. Ganz im Gegenteil: Noch immer versagen sich viele die Anerkennung ihrer Erfolge. Sie spielen gelungene Aktionen herunter (»Ach, das hätte doch jeder so gemacht«) oder beachten sie erst gar nicht (»Ach so, das meinst du, ja, stimmt, da war ich ganz gut, daran habe ich überhaupt nicht mehr gedacht«).

Auf Lob und Anerkennung zu verzichten gilt als tugendhaft. Manche Erzieher glauben, es würde ihren Zöglingen den Kopf verdrehen, wenn sie zu viel positive Beachtung bekommen. Es gilt jedoch zu unterscheiden. Lob kann tatsächlich schaden, wenn es als Bestätigung der Person eingesetzt wird (»Anna ist so begabt«). Auf diese Weise steht jedes Mal der Wert dieses Menschen auf dem Spiel. Falls es nächstes Mal nicht klappt, heißt es gleich: »Na, so talentiert scheint sie doch nicht zu sein.«

Entscheidend ist, dass die Anerkennung dem Lernen und dem Einsatz gilt (»Ich finde super, dass du so viel trainierst. Man sieht den Erfolg«). Geht dann mal etwas schief, ist die Schlussfolgerung eine andere: »Ich glaube, du musst dich mehr reinhängen, von allein wird das nichts.«

Entsprechend können Sie darauf achten, Gelassenheit nicht als eine Begabung anzusehen, die Sie entweder haben oder nicht. Ein entspannter Lebensstil ist keine Frage des Temperaments, der Hormone oder der genetischen Veranlagung (»Meine Eltern waren auch schon so nervös, das liegt in der Familie« oder »Ich bin halt ein aufbrausender, cholerischer Typ«).

Gelassenheit kann man lernen. Wenn Sie es heute geschafft haben, sich trotz aller Herausforderungen relativ gut zu entspannen, dann ist das Ihr Verdienst. Dafür stehen Ihnen Anerkennung und Lob zu. Sind Sie wiederholt ausgerastet, bedeutet das nur, dass Sie sich intensiver mit dem Thema Gelassenheit beschäftigen müssen, um Erfolge zu erzielen. Es sei denn, es ist Ihnen egal. Reden Sie sich nicht damit heraus, dass es an den Ereignissen, den anderen oder Ihrem heißblütigen Temperament lag. Jeder kann gelassen sein. Mag sein, dass einige dafür mehr trainieren müssen als andere, aber das ist bei allen Dingen so. Untersuchungen zeigen, dass Können und Erfolg stets unmittelbar mit dem Trainingsaufwand zusammenhängen. Angebliche Genies tun wesentlich mehr auf ihrem Gebiet als die vermeintlich weniger Begabten. Nur zeigen sie es nicht immer.

Also: Hängen Sie sich rein. Greifen Sie die Tipps in »Probieren Sie das mal« auf, lesen Sie die Bücher aus der Literaturliste im Anhang. Und denken Sie daran, sich für Ihre Bemühungen und Erfolge spätestens am Ende des Tages zu loben.

Aus Fehlern lernen

Es ist ausgeschlossen, dass Sie von heute auf morgen ein vollkommen entspannter Mensch werden, der sich nie wieder aufregt. Der Bogen der Entwicklung spannt sich von häufig-lange-stark zu selten-kurz-gering. Das heißt, der Lernprozess vollzieht sich in drei Dimensionen: a) häufig bis selten, b) lange bis kurz, c) stark bis gering. Je seltener Sie aus dem emotionalen Gleichgewicht geraten, desto besser. Streben Sie danach, die Dauer Ihrer Stressepisoden zu verkürzen. Wenn Sie sich in der gleichen Situation nur noch wenig aufregen, ist das ein riesiger Fortschritt.

Nie wieder gestresst zu sein ist kein realistisches Ziel. Vielleicht ist es nicht einmal erstrebenswert. Denn Experimente mit Fischen haben gezeigt, dass sowohl zu viel als auch zu wenig Stress der Gesundheit schadet. Unter idealen äußeren Bedingungen gingen die Tiere genauso ein wie unter sehr ungünstigen.

»Na, bitte! Also ist mein Stress doch eigentlich super«, sagen Sie jetzt vielleicht. Doch Vorsicht!

Anhaltender starker Stress ist immer von Übel. Gelegentliche Belastungen erträgt unser Organismus dagegen gut. Sie stärken ihn sogar.

Doch viele Menschen muten sich zu viel zu. Sie ertragen mehr, als ihnen auf Dauer bekommt. Irgendwann kann dann ein einziger Tropfen ein Fass zum Überlaufen bringen. Deshalb ist es klug, einen gelassenen Lebensstil zu erlernen.

Neben dem Lob, von dem ich vorhin gesprochen habe, brauchen Sie dafür auch gesunde Selbstkritik. Jeder trägt einen inneren Kritiker in sich. Nutzen Sie diesen, aber lassen Sie sich von ihm nicht heruntermachen. Angriffe gegen Ihre Person (»Idiot«, »Versager«) weisen Sie entschieden zurück. Sachliche Selbstkritik dagegen akzeptieren Sie. *Wir alle machen Fehler. Niemand ist sein ganzes Leben lang von morgens bis abends vollkommen entspannt.*

Wenn Sie also feststellen, dass Sie sich heute zu oft, zu lange und zu sehr aufgeregt haben, dann überlegen Sie, wie Sie es morgen besser machen können. Spielen Sie die betreffenden Situationen vor Ihrem geistigen Auge so durch, wie Sie sie gerne hätten. Ändern Sie dabei weniger die äußeren Dinge als vielmehr Ihre Reaktion darauf. Alles, was einen herausfordert, hat die Angewohnheit, sich so lange zu wiederholen, bis man seine Lektion gelernt hat. Danach erscheint einem die Situation nicht einmal mehr schwierig. An diesem Punkt werden Sie aus eigener Erfahrung sagen können, dass es nicht das Ereignis an sich ist, das stresst, sondern die Reaktion darauf, also wie man darüber denkt und wie man sich dabei verhält.

Entspannt in den Schlaf

Schließlich liegen Sie wieder in Ihrem Bett. Nach einem möglicherweise anstrengenden Tag fällt es vielen nicht leicht, sich zu entspannen. Die oft genannten Mittel zur »Entspannung« sind nicht wirklich geeignet, zum Beispiel das Fernsehen. Es mag im besten Fall unterhaltsam oder informativ sein, aber Körper und Geist kommen dabei nicht zur Ruhe. Im schlechtesten Fall steigert es die Anspannung sogar noch. Nur wer tatsächlich sehr müde ist, schläft dabei ein.

Im Bett zu liegen und seinen Körper zu spüren hat mehrere Vorteile. Sie erhalten eine ehrliche Rückmeldung, wie Sie heute mit sich umgegangen sind. Der Körper lügt nie. Schmerzen deuten auf einen Fehlgebrauch oder eine Überlastung hin. Deshalb ist es der falsche Weg, dieses Signal mit Schmerzmitteln einfach abzustellen. Vielmehr geht es darum, auf den Körper zu hören. Was will er Ihnen mit seinem Unbehagen, seinen Beschwerden (!), aber auch seinem Wohlgefühl sagen?

> Es ist der Geist, der sich den Körper baut.
>
> *Friedrich Schiller*

Wehwehchen gehören zum Leben dazu. Nach einem guten Schlaf hat sich der Körper davon wieder erholt. Wird aus dem kleinen Weh allerdings ein großes, anhaltendes, ist mehr Aufmerksamkeit erforderlich. Drei Viertel aller Berufstätigen in Deutschland litten 2017 unter Kreuzschmerzen. Vor 14 Jahren war es »nur« die Hälfte.

Fühlt sich Ihr Körper am Ende des Tages wohl, haben Sie alles richtig gemacht. Glückwunsch, machen Sie weiter so!

Den Körper zu spüren hat noch einen weiteren Vorteil. Es entspannt. Erstaunlicherweise genügt bereits unangestrengte Aufmerksamkeit, damit die Muskeln anfangen lockerzulassen.

Das Procedere kennen Sie bereits vom Morgen. Sie brauchen es nun nur zu wiederholen. Wandern Sie mit Ihrem Spürbewusstsein Ihren Körper von unten nach oben durch: zuerst den einen, dann den anderen Fuß, die Zehen, die Fußsohle, die Ferse, das Fußgelenk. Dann folgen die Waden, die Oberschenkel und das Becken. Und weiter nach oben: das Kreuz, den oberen Rücken, die Schultern, den Bauch, die Brust, die Vorderseite des Halses, den Nacken, die Oberarme, die Unterarme, die Hände, die Finger, einen nach dem anderen. Und zum Schluss den Kopf: das Gesicht mit dem Kiefer, dem Mund, der Zunge, der Nase, den Wangen, den Augen, den Ohren und dann die Stirn über die Haare bis zum Hinterkopf.

Sie können dabei auf dem Rücken liegen, aber auch auf einer Seite oder auf dem Bauch. Probieren Sie, wenn Sie Lust dazu haben, die verschiedenen Positionen aus.

Diese Spür- und Entspannungsübung funktioniert natürlich genauso gut im Sitzen, Stehen oder Gehen. Sie können damit tagsüber, wann immer Sie wollen, experimentieren. Falls Sie nachts nicht einschlafen können, empfehle ich Ihnen, diese Methode einzusetzen. Sie ist eine wunderbare Alternative zum unruhigen Wachliegen. Statt Ihre Sorgen oder Schäfchen zu zählen, spüren Sie lieber Ihren Körper auf die beschriebene Weise durch. Lassen Sie sich ganz viel Zeit dafür. Nichts eilt. Die Aufgaben des Tages sind erledigt. Sie sind frei.

Möglicherweise stellen Sie am nächsten Morgen fest, dass Sie beim Spüren eingeschlafen sind.

....

Und noch einmal: Bewusst atmen

Falls Sie nicht schon zu müde sind, können Sie noch ein paar Minuten lang bewusst atmen. Auch diese Übung kennen Sie bereits vom Beginn des Tages. Damit schließt sich der Kreis.

Ein Großteil der Menschen wünscht sich, mal abschalten zu können. Aber wohin mit den Gedanken? Wie Mühlsteine arbeiten diese im Kopf und schroten alles, was an Ruhe und Gelassenheit vorhanden ist. Lässt sich dieser zermürbende Vorgang stoppen?

Ja und nein. Nein insofern, als die Gedanken ein Teil von uns sind. Sie können sie ebenso wenig loswerden wie Ihre roten Blutkörperchen. Es wäre nicht einmal wünschenswert. Doch ja insofern, dass Sie die Gedanken zwar nicht anhalten, sich aber von ihnen befreien können. Wie funktioniert das?

Indem Sie Ihre Aufmerksamkeit auf den Atem lenken. Er ist immer da. Sie können sich ihm jederzeit zuwenden. Dabei entstehen minimale Lücken im Denken. Für den Bruchteil einer Sekunde achten Sie auf Ihren Atem, im nächsten Moment sind Sie wieder mit Ihren Gedanken verbunden. Sie kehren zum Atem zurück. Doch erneut beanspruchen Ihre Gedanken Ihre Aufmerksamkeit. *Ihr Trumpf besteht darin, dass Sie eine gewisse Kontrolle über Ihren Geist haben. Sie können bestimmen, womit er sich beschäftigt.* Aber jeder, der das versucht, merkt schnell, dass er normalerweise seinen Gewohnheiten folgt. Denken Sie viel über Ihre Probleme nach, wandert Ihre Aufmerksamkeit automatisch dorthin. Sobald Sie sich jedoch dessen bewusst werden, haben Sie die Möglichkeit, Ihrem Geist Alternativen anzubieten. Eine davon ist, den Atem zu beobachten. Das ist nicht sehr spannend, dafür aber sehr erholsam; denn der Atem ist neutral. Anders als Ihre Gedanken löst er keine Gefühle aus, es sei denn Ruhe und Gelassenheit.

Nun habe ich schon Menschen getroffen, die behaupten, ihr Atem mache ihnen Angst. Sie könnten nicht mehr normal atmen, wenn sie ihn beobachten. Merken Sie etwas? Der Atem kann niemandem Angst machen. Das können nur Gedanken. Wer denkt: »Hilfe, ich bekomme keine Luft mehr«, hat eine Idee, und zwar eine ziemlich bescheuerte. Doch es ist nur ein Gedanke. Man kann sich von ihm befreien, indem man sich wieder dem Atem zuwendet.

Am Anfang kann es hilfreich sein, das Objekt der Aufmerksamkeit zu benennen, zum Beispiel mit den Begriffen Einatem, Ausatem und Gedanke. Das Beobachten und Benennen erleichtert es, bewusst zu bleiben. Aber machen Sie keine große Geschichte daraus. Im Prinzip reicht es, so achtsam und gelassen wie möglich ein- und auszuatmen.

Die minimalen Lücken im Denken bewirken Wohlbefinden. Wohlsein ist unser Urzustand. Er wird nur so häufig durch Sorgen, Ärger und Enttäuschungen überlagert, bis wir überzeugt sind, DAS sei unsere Natur.

Es gibt Menschen, die nur eine Hälfte der Nacht schlafen. Die andere Hälfte beobachten sie entspannt ihren Atem. Sowohl Schlaf als auch Meditation sind für die Erholung sehr wertvoll. Falls Sie also einmal nicht schlafen können, meditieren Sie einfach. Sollten Sie dabei müde werden und in den Schlaf sinken, warum nicht?

Nachdem Sie dieses Buch gelesen und einige Wochen mit den neu gewonnenen Erkenntnissen experimentiert haben, vergleichen Sie Ihre Antworten vom Beginn des Buchs mit Ihren jetzigen. So ermitteln Sie Ihre Fortschritte. Also:

- Auf einer Skala von 1 bis 10:
  Wie gelassen sind Sie im Allgemeinen?
  (1 steht für »gar nicht«, 10 für »völlig«.)

- In welchen Situationen bleiben Sie gelassener als früher?

- Welche Methoden zur Gelassenheit und Entspannung kennen Sie? Welche wenden Sie regelmäßig an?

Gelassen durchs Leben

Wenn Sie die Welt, so chaotisch sie sein mag, als vollkommen ansehen, haben Sie es geschafft. Eine perfekte Welt schließt Herausforderungen und Probleme nicht aus, sondern ein. Nur diese geben uns die Möglichkeit, zu wachsen, zu lernen und uns weiterzuentwickeln.

Dieser Wachstumsprozess muss nicht zwangsläufig schmerzhaft sein. Gelassenheit ist das Allheilmittel, um im Leben gut zurechtzukommen. Es ist wie in einer Gegend voller Dornen: Sie werden es nicht schaffen, alle Stacheln zu beseitigen. Das brauchen Sie allerdings auch gar nicht. Alles, was Sie benötigen, ist ein Paar ordentliche Schuhe. Diese schützen Sie vor den Dornen und machen Ihre Reise angenehm.

Gelassenheit ist in dieser perfekten, chaotischen Welt wie ein Paar guter Schuhe.

Ich wünsche Ihnen eine angenehme Reise!

> Die Welt ist perfekt. Sie ist ein Chaos.
>
> *Joseph Campbell*

Literatur

Byron, Katie: *Lieben, was ist. Wie vier Fragen Ihr Leben verändern können,* Goldmann: München 2012

Daiker, Ilona: *Gelassen wie ein Buddha. Meditationen und Achtsamkeitsübungen für 52 Wochen,* Gräfe und Unzer: München 2009

Hohensee, Thomas: *Gelassenheit beginnt im Kopf. So entwickeln Sie einen entspannten Lebensstil,* Knaur MensSana: München 2015

Hohensee, Thomas: *Das Gelassenheits-Training. Wie wir Ärger, Frust und Sorgen die Macht nehmen,* Goldmann: München 2014

Hohensee, Thomas; Georgy, Renate: *Gelassenheit in der Liebe. Vom Beziehungsfrust zum entspannten Glück,* mvg Verlag: München 2016

Jacobson, Edmund: *Entspannung als Therapie. Progressive Relaxation in Theorie und Praxis,* Klett-Cotta: Stuttgart 2017

Kabat-Zinn, Jon: *Gesund durch Meditation. Das große Buch der Selbstheilung mit MBSR,* Knaur: München 2013

Santandreu, Rafael: *Mach's dir leicht. Die Kunst, sich das Leben nicht zu vermiesen,* Goldmann: München 2014

Leichter leben:
Inspiration zu einem neuen Lebensgefühl

ISBN 978-3-95803-042-8

ISBN 978-3-95803-078-7

ISBN 978-3-95803-043-5

ISBN 978-3-95803-045-9

GABI INGRASSIA

DANKE,
GUT genug!

Perfektionismus entspannt
hinter sich lassen

LEICHTER
LEBEN

ISBN 978-3-95803-077-0

CAROLA KLEINSCHMIDT

RAUS AUS
DEM Stress

Wie Sie Druck abbauen
und gelassen bleiben

LEICHTER
LEBEN

ISBN 978-3-95803-075-6

SUSANNE MOEBERG

JA, ICH
spüre MEHR!

Gut leben mit
Hochsensibilität

LEICHTER
LEBEN

ISBN 978-3-95803-044-2

PIA MESTER

DAS
LASS ICH los

Sich von innerem
und äußerem Ballast
befreien

LEICHTER
LEBEN

ISBN 978-3-95803-076-3

Alle Bände: 96 Seiten, Klappenbroschur,
durchgehend vierfarbig mit zahlreichen Fotos und Illustrationen

Lebenshilfe auf den Punkt gebracht

Achtsamkeit hilft uns, mit den Herausforderungen des Lebens geschickter umzugehen – und dabei die kleinen Freuden des gegenwärtigen Augenblicks aus vollem Herzen zu genießen. Die kompakten Pocketguides bieten einen unkomplizierten Einstieg: Eine Fülle an Übungen und Impulsen zeigt, wie sich Achtsamkeit konkret im Alltag umsetzen lässt.

ISBN 978-3-95803-008-4

ISBN 978-3-943416-92-3

ISBN 978-3-95803-009-1

ISBN 978-3-943416-94-7

Weitere erfolgreiche Titel aus der Reihe »Achtsam leben«

»Das größte aller Wunder ist es,
lebendig zu sein. Achtsamkeit ermöglicht uns,
dieses Wunder zu berühren.«

Thich Nhat Hanh

Mehr über unsere Bücher unter www.scorpio-verlag.de

ISBN 978-3-95803-029-9

ISBN 978-3-95803-080-0

ISBN 978-3-95803-108-1

ISBN 978-3-95803-046-6

978-3-95803-104-3

Achtsam leben

LISA FREUND

Kraftquellen entdecken

Was in schwierigen Zeiten stärkt

SCORPIO

ISBN 978-3-95803-007-7

Achtsam leben

ROSETTE POLETTI & BARBARA DOBBS

Akzeptieren, was ist

Loslassen und inneren Frieden finden

SCORPIO

ISBN 978-3-95803-030-5

Achtsam leben

PETER GLOCKER

Weniger Stress mehr Leben

SCORPIO

ISBN 978-3-95803-032-9

Achtsam leben

LODRO RINZLER

Sitzen wie ein Buddha

Meditation für Anfänger

SCORPIO

ISBN 978-3-95803-095-4

Achtsam leben

ANJA SIEPMANN

Achtsamkeit in der Liebe

Für eine erfüllte Partnerschaft

SCORPIO

ISBN 978-3-95803-047-3

Achtsam leben

LAURA MILOJEVIC

Achtsam essen und genießen

SCORPIO